FiT FÜR DIE SCHULE

Das kann ich!

250 Diktate

2.–4. Klasse

von Andrea Essers
Illustrationen von Guido Wandrey

TESSLOFF

Vorwort

Liebe/r ______________________ ,

richtig schreiben kann man lernen!

Um sicher in der Rechtschreibung zu werden, braucht es vor allem **Übung**.
Mit den vorliegenden Diktaten kannst du deine Rechtschreibfertigkeiten **leicht trainieren**.
Jedes Diktat behandelt ein spezielles Rechtschreibthema. Die ausgewählten Lerninhalte sind dabei genau auf den Lehrplan und somit auf die Erfordernisse der jeweiligen Klassenstufe abgestimmt.

So arbeitest du mit diesem Übungsheft:

→ Im **Inhaltsverzeichnis** sind die Diktate nach ihren Übungsschwerpunkten aufgeführt, sodass du leicht das passende Diktat finden kannst.

→ Im Kapitel **Tipps für Eltern und Schüler** gibt es viele nützliche Informationen zum richtigen Diktieren und Diktate schreiben für deine Eltern und dich.

→ Auf den Diktatseiten sind die Rechtschreibregeln in den blauen **Lernkästen** kurz und verständlich zusammengefasst und mit Beispielen verdeutlicht.

→ Alle **Lernwörter** eines Rechtschreibthemas sind im Diktattext grün markiert.

→ **Schwierige Wörter** sind unterstrichen und können buchstabiert werden.

→ Die **Längsstriche** gliedern die Texte in Diktierabschnitte und markieren die Sprechpausen.

So kannst du das Anwenden von Rechtschreibregeln **üben**, bereits erworbene Kenntnisse **vertiefen** und dir Ausnahmen einzeln **einprägen**.

Viel Spaß und Erfolg!

Inhaltsverzeichnis 2. Klasse

Inhaltsverzeichnis 3. Klasse

Inhaltsverzeichnis 4. Klasse

Schreiben üben – aber richtig!

Rechtschreibung richtig üben

Das Ziel dieses Rechtschreibtrainings ist es, die Rechtschreibfertigkeiten Ihres Kindes Schritt für Schritt zu verbessern. Denn richtig schreiben kann man lernen! Diktate sind eine gute Möglichkeit, Rechtschreibregeln zu **üben**, Rechtschreibtricks zu **trainieren** und Gelerntes zu **festigen**. Sie helfen dabei, die individuellen Fehlerschwerpunkte Ihres Kindes herauszufinden und gezielt darauf einzugehen.

Diktate sind allerdings nur eine Übungsform unter vielen. Je abwechslungsreicher das Rechtschreibtraining gestaltet wird, desto mehr Spaß macht es und desto motivierter ist Ihr Kind bei der Sache.

Hauptsache abwechslungsreich!

Diktate kann man auf unterschiedliche Weise üben. Damit sich Ihr Kind an die Diktierweise in der Schule gewöhnt, können Sie die Diktatsituation mit ihm zu Hause üben. Wenn Sie einen Text auf die gleiche Weise diktieren, wie es auch in der Schule üblich ist, unterstützen Sie Ihr Kind dabei, sicherer beim Schreiben von Diktaten zu werden und Ängste abzubauen. Aber es gibt auch alternative Diktatformen, mit denen Sie das Üben abwechslungsreich gestalten können:

Laufdiktat: Ihr Kind liest sich das Diktat genau durch und legt den Diktattext dann an einen vom Schreibplatz etwas entfernten Ort. Ihr Kind läuft dorthin, merkt sich die ersten Wörter, kehrt zu seinem Platz zurück und schreibt sie auf. Dann läuft es wieder zum Diktattext, merkt sich die nächsten Wörter usw. Zum Schluss liest sich das Kind den Text noch einmal durch und vergleicht ihn mit der Vorlage.

Dosendiktat: Ihr Kind liest sich das Diktat durch und schreibt den Text ab. Dann schneidet es die einzelnen Sätze aus und legt die Papierstreifen in der richtigen Reihenfolge vor sich hin. Nun liest es den ersten Satz durch, wirft den Streifen in die Dose und schreibt den Satz auswendig auf. Streifen für Streifen geht es so weiter. Am Ende liest sich Ihr Kind alles noch einmal durch und vergleicht den Text mit der Vorlage.

Das Eigendiktat: Ihr Kind liest sich den Text einmal durch. Dann deckt es den Text mit einem Papier ab, sodass nur die erste Zeile zu sehen ist. Das Kind merkt sich die Wörter und schreibt sie auf. So geht es Zeile für Zeile vor, bis es den ganzen Diktattext einmal geschrieben hat. Anschließend liest es sich den Text noch einmal durch und vergleicht ihn mit der Vorlage.

Zu Hause Diktate üben

Allgemeine Tipps

→ Am besten übt es sich in ruhiger und entspannter Umgebung. Achten Sie deshalb darauf, dass Ihr Kind beim Üben nicht gestört und nicht abgelenkt wird. Überlegen Sie mit ihm zusammen, wann die **beste Zeit zum Üben** ist. Jeder Mensch hat seine persönliche Lernzeit und man kann sich nicht zu jeder Uhrzeit gleich gut konzentrieren.

→ Planen Sie genug Zeit zum Nachdenken und Korrigieren ein. Kurzes, regelmäßiges Üben ist sinnvoller, als seltene, aber lange Lerntage. Das Üben sollte deshalb am Tag nicht länger als 15 Minuten dauern.

→ Achten Sie darauf, dass innerhalb einer Lerneinheit **immer nur ein Rechtschreibphänomen trainiert wird** und üben Sie ähnliche Schreibweisen nicht hintereinander. Sonst ist die Gefahr groß, dass Ihr Kind diese miteinander verwechselt. Lernt es etwa Wörter mit Dehnungs-h, sollte es sich nicht sofort danach Wörter mit doppeltem Vokal vornehmen. Um eine solche **Ähnlichkeitshemmung** zu **vermeiden**, müssen immer mehrere Tage zwischen dem Üben von ähnlichen Schreibweisen liegen.

→ Vor dem Diktieren ist es sinnvoll, wenn Ihr **Kind** den **Text selbst liest** und **einmal abschreibt**. So kann es sich das Schriftbild der Wörter verinnerlichen.

→ Bevor Sie das ganze Diktat vorlesen, können Sie zunächst die grünen **Lernwörter** einzeln **diktieren**. So wecken Sie bei Ihrem Kind das Bewusstsein für das zu übende Problem.

→ Diktieren Sie keine zu langen Textabschnitte. Am besten **orientieren** Sie sich an den **Längsstrichen** im Text, die das Diktat in einzelne **Diktierabschnitte** gliedern.

Schreiben üben – aber richtig!

→ Lesen Sie beim Diktieren **langsam**, **deutlich** und **betont** vor. Die Satzzeichen werden mitdiktiert, sofern sie nicht der Übungsschwerpunkt sind.

→ Die **unterstrichenen Wörter** können Sie **buchstabieren**, da es sich hier um schwierige Wörter handelt, die Ihr Kind in der Regel noch nicht schreiben kann.

→ Am Ende sollte Ihr Kind sein Diktat immer noch einmal in Ruhe selbst kontrollieren können. So fördern Sie die **Fähigkeit** zur **Selbstkontrolle**, die in der Schule und im Alltag eine wichtige Rolle spielt.

→ Schauen Sie sich den Text Ihres Kindes nach dem Üben noch einmal genau an. Anhand der gemachten Fehler können Sie erkennen, was genau es noch üben muss. Nach einiger Zeit können Sie das Diktat noch einmal mit Ihrem Kind wiederholen.

→ **Loben** Sie Ihr Kind! Eine **positive** Rückmeldung motiviert und nimmt Ihrem Kind die Angst davor, etwas falsch zu machen.

Diktieren wie in der Schule

Diktieren Sie den Text so, wie es auch die Lehrerin oder der Lehrer tut. Die meisten gehen dabei so vor:

1. Der Text wird mit der Überschrift einmal vorgelesen. Die Kinder lernen so den Text kennen und erfahren, worum es darin geht.

2. Dann wird ein ganzer Satz vorgelesen. Die Kinder lernen den Satz und seine Struktur kennen.

3. Ist der Satz zu lang, wird er in einzelnen Abschnitten diktiert, die die Kinder aufschreiben.

4. Der nächste Satz wird wieder zuerst vorgelesen und dann in Abschnitten diktiert. Die Schritte 2 und 3 wiederholen sich, bis das Diktat fertig ist.

5. Zum Schluss wird der Text noch einmal ganz vorgelesen.

6. Anschließend haben die Kinder Zeit, ihren Text zu kontrollieren und Fehler zu verbessern.

Liebe Schülerin, lieber Schüler,

Diktate richtig zu schreiben ist leichter, als du vielleicht denkst. Hier findest du ein paar Tipps, die dir dabei helfen.

Worauf musst du während eines Diktats achten?

Was wird vorgelesen? Höre beim Vorlesen genau zu. So lernst du den Text und den Aufbau der Sätze kennen. Wenn du weißt, worum es geht, fällt das Aufschreiben beim Diktieren leichter.

Wie wird vorgelesen? Achte genau darauf, wie die Wörter ausgesprochen werden. Sind die Laute kurz oder lang? Wie lauten die Vor- und die Nachsilben? Wie lauten die Endungen?

Gut nachdenken! Überlege, ob die Wörter groß- oder kleingeschrieben werden und ob es eine Rechtschreibregel gibt, die du anwenden kannst. Überlege aber nicht zu lang, denn das Diktat geht ja weiter!

Schwierige Wörter markieren! Wenn du dir unsicher bist, wie ein Wort geschrieben wird, markiere es. Später kannst du es dir dann noch einmal in Ruhe anschauen und überlegen, welche Regel dir beim Schreiben helfen könnte.

Lücken lassen! Hast du ein Wort nicht verstanden, lässt du eine Lücke. Wird der Text noch einmal vorgelesen, kannst du das Wort ergänzen.

Wie kontrollierst du ein Diktat richtig?

Lies deinen ganzen Text genau! Sind alle Satzanfänge großgeschrieben? Fehlt kein Satzschlusszeichen? Macht jeder Satz Sinn? Ist jeder Satz vollständig? Hast du kein Wort vergessen?

Lies das Diktat rückwärts Wort für Wort! Sind alle Wörter vollständig? Hast du keinen Buchstaben vergessen? Hast du keine Buchstaben verdreht?

Prüfe schwierige Wörter! Wird das Wort groß- oder kleingeschrieben? Kennst du eine Regel, mit der du die richtige Schreibweise herausfinden kannst? Kannst du das Wort verlängern? Kennst du ein verwandtes Wort?

Viel Erfolg!

FiT FÜR DIE SCHULE

Das kann ich!

Diktate

2. Klasse

TESSLOFF

Großschreibung am Satzanfang

→ **Das erste Wort eines Satzes** wird immer großgeschrieben.

Konstantin spielt Fußball. **E**r ist Torwart.

Kann er den Ball halten? **E**r schafft es!

1 Der Eindringling

Tim ist alleine im Haus. | Er hat Langeweile. | Da hört er | ein Geräusch. | Tim lauscht. | Es kommt | aus der Küche. | Ist da jemand? | Er geht zur Tür. | Langsam öffnet er sie. | Was ist das? | Eine Taube ist in die Küche geflogen! | Tim lacht. | Die tut nichts!

46 Wörter

2 Wo ist Ben?

Suse sucht Ben. | Ben ist Suses Hamster. | Sie schaut überall nach. | Aber sie findet ihn nicht. | Wo kann er sein? | Vielleicht hat ihn | die Katze gefressen! | Suse weint. | Schau mal, Suse! | Da ist er! | Ben sitzt in der Obstschale. | Er <u>k n a b b e r t</u> einen Apfel. | So ein Schlingel!

46 Wörter

→ **Eigennamen** schreibst du groß.

Moritz **S**chäfer **K**lara **F**ranken **B**ello

1 Zu spät!

Die zweite Klasse macht | mit ihrem Lehrer Herrn Klein | einen Ausflug. | Doch der Bus | kann nicht fahren! | Es fehlen noch | David Bach, | Anna Müller, | Timo Bauer | und Nora Keller. | Da kommt endlich | Herr Müller mit den Kindern | im Auto angebraust. | Er hat verschlafen!

43 Wörter

2 Einladung zum Grillfest

Zum Grillfest | bei Familie Schuster | sind eingeladen: | Herr Moser | und sein Sohn Max, | Onkel Peter | und Tante Greta, | Frau Schmitz, | Familie Grün, | Herr und Frau Krieger | und Familie Hering. | Auch Kater Karl | und die Hundedame Susi | feiern mit.

38 Wörter

Namenwörter

→ **Namenwörter** (Nomen) bezeichnen Personen, Tiere, Pflanzen oder Dinge. Sie benennen auch Gefühle, Vorstellungen und Gedanken. Namenwörter schreibst du immer groß. Sie haben einen Begleiter (Artikel) und können in der Einzahl oder in der Mehrzahl stehen.

der **J**unge   die **K**atze   das **R**ad   der **Ä**rger

ein **A**uto   eine **F**rau   zwei **K**inder   viele **R**äder

1 Der Umzug

Die Familie Berger | zieht um. | Lotta räumt alle Sachen | aus dem Kinderzimmer | in die Umzugskisten: | das Spielzeug, | den Ball, | die Puppe, | die Kleider, | die Bücher | und die anderen Dinge. | Der Vater baut | das Bett, | den Tisch | und den Schrank ab. | Jetzt ist der Raum leer. | Aber bald hat Lotta | ja ein neues Zimmer!

53 Wörter

2 Was ist los?

Peter hat eine Idee. | Maria hat | einen Traum. | Peter schmiedet | einen Plan. | Jan denkt | an die Zukunft. | Suse macht sich Sorgen. | Tom hat Kummer. | Jonas macht sich Gedanken. | Lene hat Glück. | Rosa packt die Wut.

35 Wörter

! Namenwörter können auch ohne Begleiter stehen.

Zusammengesetzte Namenwörter

→ Zwei Namenwörter (Nomen) kannst du oft zu einem neuen Namenwort zusammensetzen. **Zusammengesetzte Namenwörter** schreibst du groß.

die **Milch** + die **Kuh** = die **Milchkuh**

das **Eis** + die **Waffel** = die **Eiswaffel**

1 Wörterschlange

das Burgtor | die Torwand | die Wand-
uhr | die Uhrzeit | die Zeitreise |
die Reisetasche | das Taschengeld |
der Geldschatz | die Schatzinsel |
der Inselbewohner

20 Wörter

! Überlege dir doch selbst einmal eine Wörterschlange!

2 Betreten verboten!

Tobi schaut | durch das Astloch | im Bretterzaun. | Dahinter wird |
ein neues Bürohaus gebaut. | Ein Lastwagen kommt | und schüttet
einen Sandberg auf. | Ein Baggerfahrer | mit Schutzhelm | spricht
in ein Funkgerät. | Er gibt dem Kranführer | in seinem Führerhaus
Anweisungen. | Überall liegen Holzlatten. | Da kann man bestimmt |
prima spielen! | Doch Kinder | dürfen das Gelände | leider nicht
betreten.

54 Wörter

Wochentage und Monatsnamen

→ **Wochentage** und **Monatsnamen** werden großgeschrieben.

Sonntag der **M**ontag im **J**uni

1 Schulfrei!

Sommerferien sind im | Juni, Juli, | August oder September. | Im Dezember und Januar | haben alle Winterferien. | Die Herbstferien fallen | in den Oktober. | Ostern liegt im März | oder April.

27 Wörter

2 Die Verabredung

Klaus und Ali wollen sich | auf dem Spielplatz verabreden. | Doch an welchem Tag? | Am Montag und am Freitag | spielt Ali Fußball. | Am Dienstag ist Klaus | bei seiner Oma. | Am Donnerstag | spielt er Handball. | Samstag und Sonntag | geht es auch nicht. | Es bleibt nur | der Mittwoch. | Prima, da haben beide Zeit!

50 Wörter

3 Das Jahr der Braunbären

Im Januar, Februar oder März | kommen die kleinen Braunbären | auf die Welt. | Im Mai verlassen sie | die Höhle. | Ab Juni begleiten sie | ihre Mutter bei der Futtersuche. | Spätestens im Dezember | beginnt die Winterruhe. | Im April | kommen sie wieder | aus der Höhle heraus.

42 Wörter

→ **Tunwörter** (Verben) geben an, was Personen, Tiere, Pflanzen oder Gegenstände tun oder was geschieht. Tunwörter schreibst du klein.

Der Junge **spielt**. Die Blume **blüht**. Der Pullover **kratzt**.

Es **schneit**. Es **regnet**.

1 Auf dem Sportplatz

Ich laufe über den Rasen.
Du rennst schneller!
Mia düst über die Bahn.
Peter schleicht hinterher.
Wir traben langsam eine Runde.
Ihr saust an uns vorbei.
Die Jungen flitzen um den Sportplatz.

! Tunwörter verändern ihre Form, je nachdem, wer etwas tut.

32 Wörter

2 Im Wald bei den Zwergen

Die Zwerge bekommen heute | Besuch von der Prinzessin. | Nun räumen sie | eilig die Hütte auf: | Sie waschen und spülen, | sie machen die Betten | und fegen. | Sie wischen und kehren, | bis alles blitzt. | Dann kochen sie eine Suppe | und backen einen Kuchen. | Hoffentlich kommt sie bald!

45 Wörter

Wiewörter

→ **Wiewörter** (Adjektive) beschreiben ein Namenwort (Nomen) oder ein Tunwort (Verb) näher. Sie sagen aus, wie Personen, Tiere, Pflanzen oder Dinge sind. Oder sie beschreiben, wie etwas geschieht oder getan wird. Wiewörter werden immer kleingeschrieben.

der **kleine** Hund   Die Katze ist **süß**.

Das Pferd rennt **schnell**.

1 Wer bin ich?

a) Ich bin grau, | groß, | stark | und habe einen Rüssel.

b) Ich bin rot, | süß, | rund, | fruchtig | und schmecke lecker.

c) Ich habe lange, | spitze Dornen, | rote Blätter | und dufte gut.

Lösung: a) Elefant, b) Apfel, c) Rose

28 Wörter

2 Opas Geheimnis

Kalle klettert heimlich | auf Opas Dachboden. | Dort oben ist es dunkel und dreckig. | In einem braunen Koffer | findet Kalle dicke Bücher. | Aber was ist | in der mächtigen Holztruhe? | Er öffnet vorsichtig | den schweren Deckel. | Da liegen ein rostiger Kompass, | ein schmutziges Fernglas | und eine seltsame Karte! | Hat Opa etwa | einen geheimen Schatz versteckt?

53 Wörter

→ Aus **O/o** und **U/u** können die Umlaute **Ö/ö** und **Ü/ü** werden.

der H**u**t – die H**ü**te   das L**o**ch – l**ö**chern

Aber es gibt auch Wörter mit **Ö/ö** und **Ü/ü**, die keinen Verwandten mit **O/o** und **U/u** haben.

das **Ö**l   bl**ö**d   s**ü**ß   die T**ü**te

1 Kurzdiktat

Zwölf böse Löwen | dösen in der Höhle.
Fünf süße Küken | hüpfen über den Hügel.
Die schöne Königin | hört gerne Flötenmusik.
Die blöde Mücke | stürzt sich | auf die Kuchenstücke.

28 Wörter

2 Die Störche kommen!

Ab März wohnen | Störche in unseren Dörfern. | Der Storch ist einer | der größten Vögel | in Deutschland. | Mit seinen breiten Flügeln | segelt er durch die Lüfte. | Sein Nest baut er | oft in großer Höhe: | auf Dächern, | Türmen oder Masten. | Er frisst Frösche | und andere kleine Tiere. | Im Herbst fliegt er | in den Süden, | um zu überwintern.

55 Wörter

Wörter mit Ä/ä

→ **Ä/ä** und **E/e** klingen oft ähnlich. Die meisten Wörter mit **Ä/ä** sind mit einem Wort mit **A/a** verwandt. Suche deshalb nach anderen Wörtern aus der Wortfamilie.

die H**a**nd – die H**ä**nde   k**a**lt – k**ä**lter   st**a**rk – die St**ä**rke

1 Unser Apfelbaum

Im Garten | wächst ein Apfelbaum. | Er hat eine mächtige Baumkrone. | Viele Tiere wohnen darin. | Im Frühling trägt er | weiße Blüten. | Im Sommer hängen | die Äste voller Äpfel. | Im Herbst färben sich | seine Blätter braun. | Wenn es dann kälter wird, | verliert er die Blätter.

43 Wörter

2 Wer lärmt da im Wald?

Der Bär ist sauer. | Woher kommt der Lärm | am frühen Morgen? | Der Käfer fliegt los | und schaut nach. | Da ist ein Mädchen | mit einer Säge. | So ein Käse! | Der Bär gähnt | und geht wieder schlafen.

35 Wörter

! Nur wenige Wörter mit **ä** haben keinen Verwandten mit **a**. Diese Wörter musst du lernen.

→ **Äu/äu** und **Eu/eu** klingen gleich. Die meisten Wörter mit **Äu/äu** sind mit einem Wort mit **Au/au** verwandt. Suche deshalb nach anderen Wörtern aus der Wortfamilie.

die L**au**s – die L**äu**se das H**au**s – das H**äu**schen

s**au**er – die S**äu**re

1 Kurzdiktat

Die Läufer | laufen schnell. |
Das Gebäude | wird umgebaut. |
Der Räuber raubt | die Bank aus. |
Die Verkäuferin arbeitet | im Kaufhaus. |
In alten Häusern | hausen Mäuse.

24 Wörter

2 Monas Traum

Mona träumt. | In ihrem Traum | ist sie eine Maus. | Sie hat ein bräunliches Fell | und schwarze Knopfäuglein. | Die Maus Mona läuft | durch die Räume der Wohnung. | Die Stühle sind groß wie Bäume. | Die Pflanzen sind dichte Sträucher. | Achtung, | da kommt die Katze! | Sie ist auf Mäusejagd. | Vor Schreck wacht Mona auf. | Was für ein Traum!

55 Wörter

Wörter mit Eu/eu

→ **Eu/eu** und **Äu/äu** sind leicht zu verwechseln. Ob ein Wort mit **Äu/äu** geschrieben wird, kannst du herausfinden, indem du nach verwandten Wörtern mit **Au/au** suchst. Wörter mit **Eu/eu** musst du lernen.

die L**eu**te   sch**eu**   erb**eu**ten

1 Kurzdiktat

die Eule | die Beule | die Freundin | der Euro | freuen | scheu | neu | das Feuer | teuer | neun

15 Wörter

2 Besuch auf dem Bauernhof

Tom freut sich. | Heute besucht er Paul | auf dem Bauernhof. | Paul ist sein bester Freund. | Im Schweinestall | zeigt Paul ihm die Ferkel. | Es sind neun Stück. | In der Scheune | spielen die Jungen im Heu. | Da kommt Pauls Vater | auf dem neuen Traktor. | Steigt auf! | Ich drehe mit euch | eine Runde!

! Vor dem Diktat kannst du die markierten Lernwörter auch erst einmal einzeln üben.

50 Wörter

d oder t?

→ Am Wort- oder Silbenende klingen **d** und **t** gleich. Um die richtige Schreibweise herauszufinden, kannst du das Wort verlängern oder nach einem verwandten Wort suchen.

das Hem**d** – die Hem**d**en   spä**t** – spä**t**er

die Wu**t** – wü**t**end

1 Kurzdiktat

der Hut, die Hüte | das Rad, die Räder | der Mut, mutig | gesund, gesünder | die Tat, der Täter | alt, das Alter

20 Wörter

2 Eine Nacht im Zelt

Karl und Toni | schlafen im Zelt. | In der Nacht | wacht Toni frierend auf. | Am Himmel scheint der Mond. | Aber was ist das? | Auf die Wand | fällt ein riesiger Schatten! | Er sieht aus | wie ein Geist! | Da muss | Toni laut lachen. | Es ist nur Mo, | der Hund des Nachbarn!

48 Wörter

b oder p?

→ Am Wort- oder Silbenende klingen **b** und **p** gleich. Du kannst das Wort verlängern oder ein verwandtes Wort suchen, um die richtige Schreibweise herauszufinden.

der Sta**b** – die Stä**b**e er lo**b**t – lo**b**en

1 Post aus dem Urlaub

Hallo Suse, |

viele Grüße aus dem Urlaub! | Hier gibt es sehr viele Tiere. | Im Garten lebt | sogar eine Schlange! | Leider sind die Ferien | schon halb vorbei. | Hoffentlich schreibst du | mir auch eine Karte! |

Viele Grüße |
Laura

36 Wörter

2 Dumm gelaufen!

Gestern raubte ein Dieb | die Bank aus. | Der Räuber machte sich | mit dem Geld | aus dem Staub. | Auf der Flucht | rutschte er | auf dem Laub aus, | fiel hin und blieb | erschrocken liegen. | Die Polizei holte ihn ein | und der Dieb gab auf.

42 Wörter

g oder k?

→ Am Wort- oder Silbenende klingen **g** und **k** meist gleich. Du kannst das Wort verlängern oder ein verwandtes Wort suchen, um die richtige Schreibweise herauszufinden.

eine Bur**g** – zwei Bur**g**en   star**k** – die Stär**k**e

sie sa**g**t – sa**g**en

1 Der Tiger

Der Tiger | ist ein mächtiges Raubtier. | Er lebt im Dschungel, wo es feucht | und schattig ist. | Der Tiger ist sehr stark | und wiegt bis zu | 280 Kilogramm. | Kein Tier wagt es, | ihn anzugreifen. | Am Tag | liegt er meist faul | in der Sonne. | Nachts jagt er seine Beute.

47 Wörter

2 Der starke Ole

Ole ist das stärkste Kind | in der Klasse. | Er ist stärker | als der Lehrer. | Er kann den Schrank | alleine heben. | Beim Ballwurf besiegt er | die Jungen aus der 4. Klasse. | Auf dem Hof | trägt er die Bank, | auch wenn Kati | auf dieser liegt. | Mit Ole ist es | immer lustig!

49 Wörter

Wörter mit ng

→ Bei Wörtern mit **ng** musst du genau hinhören. Sie klingen so ähnlich wie Wörter mit **nk**. Steht **ng** am Wortende, kannst du das Wort auch verlängern oder ein verwandtes Wort suchen.

er si**ng**t – si**ng**en   der Ga**ng** – die Gä**ng**e

1 Kurzdiktat

Der Junge springt | vom Sprungbrett. | Mit der Angel | fängst du Fische. | Sie trägt | einen goldenen Ring | am Finger.

18 Wörter

2 Der Frühling

Der Winter war lang und kalt. | Aber jetzt ist endlich Frühling! | An den Ästen | hängen schöne Blüten. | Hörst du den Gesang der Vögel? | Schau mal, | da springt ein kleiner Hase | über die Wiese! | Ich glaube, | er ist noch ganz jung!

40 Wörter

3 Der Streich

Die Jungen haben Langeweile. | „Wir können | einen Klingelstreich machen!“, | schlägt Andreas vor. | Alle sind begeistert. | Andreas fängt | bei Herrn Engel an. | Er klingelt | und die Jungen rennen weg. | Da springt schon die Tür auf! | „Ihr dummen Bengel“, | ruft Herr Engel böse, | „ich ziehe euch | die Ohren lang!“

47 Wörter

→ Nur wenige Wörter werden mit einem **X/x** geschrieben. Du musst sie dir gut merken.

die He**x**e das **X**ylofon die A**x**t

1 Kurzdiktat

Der Taxifahrer | putzt sein Taxi. |
Die Hexe | murmelt Hexensprüche. |
Mit dem Mixer | mixe ich einen Kuchenteig. |
Max hat einen | schönen Text geschrieben!

22 Wörter

2 Die Hexenprüfung

Maxi hat heute Hexenprüfung. | Sie muss einen Liebestrank mixen | und eine Axt | in einen Käfer verwandeln. | Beide Zaubersprüche | hat sie extra geübt. | Doch jetzt ist es | wie verhext. | Vor lauter Aufregung | fällt ihr der Text nicht ein! | Maxi ist fix und fertig, | doch zum Glück | erinnert sie sich. | Prüfung bestanden!

50 Wörter

Wörter mit V/v

→ **V/v** und **F/f** klingen oft gleich. Aber nur wenige Wörter werden mit **V/v** geschrieben. Diese Wörter musst du dir merken.

der **V**ogel **v**erlieren der **V**ater **v**ier

1 Kurzdiktat

vier | vierzig | vor | der Verband | voll |
das Volk | vielleicht | der Verstand | viel |
der Vater | der Vogel | das Versteck

18 Wörter

2 Das Vogelhaus

Tom hat mit seinem Vater | ein Vogelhaus gebaut. | Es hängt jetzt am Baum | vor dem Haus. | Tom hat eine Schale | voll Körner hineingestellt. | Wenn es schneit, | kommen viele Vögel vorbei. | Von der Küche aus | kann Tom sie beobachten. | Heute hat er | schon vierzehn Stück gezählt!

45 Wörter

Wörter mit Qu/qu

→ Der Laut (kw) wird **Qu/qu** geschrieben.

die **Qu**elle   be**qu**em   **qu**atschen

1 Kurzdiktat

die Qualle | die Quelle | der Quark | der Quatsch | die Qual | das Quadrat | quer | quälen | quieken | quietschen | quasseln

17 Wörter

2 Es brennt!

Im Nachbarhaus brennt es. | Schwarzer Rauch quillt | aus den Fenstern. | Die Bewohner | laufen hinaus. | Flammen schlagen hoch. | Alles ist voller Qualm. | Da kommt schon die Feuerwehr! | Mit quietschenden Reifen | halten die Wagen | quer vor dem Haus. | Die Löscharbeiten beginnen. | Jetzt qualmt es | schon viel weniger. | Bald ist das Feuer gelöscht.

50 Wörter

3 In der Pause

Sara quatscht mit Anna. | Leo quasselt mit Tim. | Rita quietscht. | Mark hat sie gekniffen! | Susi quengelt. | Sie mag keinen Quark | auf dem Brot. | Malte quetscht zwei Bücher | in das volle Regal. | Da kommt die Lehrerin. | Die Stunde beginnt | mit einem Tierquiz.

41 Wörter

Wörter mit Sp/sp und St/st

➔ Du hörst (schp) und schreibst **Sp/sp**. Oder du hörst (scht) und schreibst **St/st**.

das **Sp**iel **sp**rechen der **St**ock **st**ehlen

1 Das Fußballspiel

Auf dem Sportplatz | ist das Endspiel | in vollem Gange. | Jonas hat den Ball. | Er spurtet | auf das Tor zu. | Doch ein Spieler | der anderen Mannschaft | rennt hinterher. | Die Zuschauer springen auf. | Ist das spannend! | Der Spieler schießt. | „Tor!“, | schreit der Sprecher | in das Mikrofon. | Das war spitze!

47 Wörter

2 Der große Streit

Stefan und Anton streiten. | „Du Strohbirne!“, | schreit Anton. | Stefan gibt ihm | einen Stoß. | Anton stolpert | und stürzt auf die Straße. | Er stöhnt. | Auf seiner Stirn | ist ein Kratzer. | Langsam steht er auf. | „Tut mir leid!“, | stammelt Stefan. | „Schon gut“, | brummt Anton. | „Wir begraben besser den Streit!“ | Das findet Stefan auch.

50 Wörter

Wörter mit r nach Selbstlaut oder Umlaut

→ Folgt ein **r** auf einen Selbstlaut (Vokal) oder Umlaut, ist es oft nur schwer zu hören. Wenn du das Wort deutlich sprichst, kannst du das **r** aber leicht erkennen.

das Wo**r**t die Ka**r**te der Vate**r** zwitsche**r**n

1 Kurzdiktat

die Sorte, die Torte | der Wurm, der Turm | klammern, jammern | das Wort, der Sport | warten, starten | die Wurst, der Durst

20 Wörter

2 Geisterstunde

Draußen ist es finster. | Ein Sturm tobt. | Es ist die Zeit | der Geister und Vampire! | Sie klettern aus ihren Verstecken | und warten auf ihre Opfer. | Hörst du ihr Jammern? | Aber hab keine Furcht! | Es ist kurz vor eins. | Bald ist die Geisterstunde vorbei!

43 Wörter

3 Der Bücherwurm

In meinem Arbeitszimmer | lebt ein Bücherwurm. | Am liebsten knabbert er | an den Wörterbüchern. | Er futtert aber auch | andere Sorten: | zum Beispiel Bilderbücher | oder Liederhefte. | Gestern hat er | sogar eine Landkarte gekostet. | Nur Mathebücher mag er nicht. | Die Zahlen liegen ihm | zu schwer im Magen.

44 Wörter

Lang gesprochene Selbstlaute und Umlaute

→ Selbstlaute (Vokale) und Umlaute werden kurz oder lang gesprochen. Viele Wörter mit langem Selbstlaut oder Umlaut werden geschrieben, wie man sie spricht.

der **Ta**g   die **Ho**se   **sa**gen   gr**ü**n

1 Der magische Hut

Was holt der Magier | aus dem magischen Hut? | Einen rasenden Hasen | und ein rotes Tuch, | einen rosa Wal | und ein schweres Buch, | ein müdes Lama | und ein grünes Schwein. | Das kann nicht sein! | Jetzt ist es gut!

37 Wörter

2 Wer lebt im Baum?

Rund um den Baum | kannst du eine Menge Lebewesen | entdecken: | In der Krone | leben Vögel und Fledermäuse. | Käfer krabbeln über die Rinde. | Ein Igel | versteckt sich | am Fuß des Baumes. | Unter der Erde | haben Hasen | einen Bau gebuddelt | und Regenwürmer | graben sich | durch den Boden.

45 Wörter

→ Oft folgt auf einen lang gesprochenen Selbstlaut (Vokal) oder Umlaut ein **h**. Man nennt es **Dehnungs-h**. Du kannst es nicht hören. Wörter mit einem Dennungs-h musst du lernen.

der S**oh**n der Fr**üh**ling l**ah**m **ih**r st**eh**len

1 Das Wochenende

Die Kinder erzählen | von ihrem Wochenende: | Mia hat ein zahmes Huhn gestreichelt. | Lars hat eine Höhle | im Wald entdeckt. | Moni hat einen Zahn verloren. | Und Peter ist mit der Bahn | in die Stadt gefahren. | Die Lehrerin staunt: | „Ihr habt ja sehr viel erlebt!“

43 Wörter

2 Die ehrliche Finderin

Toni soll im Supermarkt | Sahne und Mehl kaufen. | An der Kasse | will er bezahlen. | Doch die zehn Euro sind weg! | Aufgeregt wühlt er | in der Tasche. | „Suchst du den?“ | Neben Toni | steht eine Frau | und hält ihm | den Geldschein hin. | Toni nickt erleichtert: | „Der ist mir wohl | aus der Tasche gefallen!“

! Es gibt nur ganz wenige Wörter mit **ih**. Du kannst sie dir leicht merken: **ihm**, **ihn**, **ihnen**, **ihr** und **ihre**.

51 Wörter

Wörter mit ie und langem i ohne Kennzeichnung

→ Meist wird das lang gesprochene **i** als **ie** geschrieben.

der Sp**ie**gel   w**ie**gen   s**ie**   g**ie**rig

Nur wenige Wörter haben ein lang gesprochenes **i** ohne Kennzeichnung.

der T**i**ger   m**i**r   der **I**gel

1 Das Handballspiel

Paul hat heute | ein wichtiges Handballspiel. | Der Sieger bekommt | einen riesigen Pokal. | Paul und die anderen | ziehen die Trikots an. | Dann beginnt das Spiel. | Die Jungen spielen gut. | Jetzt sind es noch vier Minuten. | Pauls Mannschaft | hat sieben Punkte Vorsprung. | Das Spiel ist aus. | Sie haben gesiegt!

47 Wörter

2 Quatschdiktat

Der Biber und der Igel | besuchen den Tiger. | „Wir haben dir | etwas mitgebracht!“, | ruft der Biber | schon an der Tür. | Der Tiger packt | das Geschenk aus: | Es ist ein Liter | Apfelsinensaft! | „Der schmeckt mir | am besten!“, | freut sich der Tiger.

40 Wörter

! Die Diktate mit **ie** und langem **i** ohne Kennzeichnung solltest du nicht direkt hintereinander üben.

Wörter mit doppeltem Selbstlaut

→ Manche Wörter werden mit **aa**, **ee** oder **oo** geschrieben. Diese doppelten Selbstlaute (Vokale) werden lang gesprochen.

das H**aa**r der S**ee** das B**oo**t

1 Kurzdiktat

das Beet | das Heer | die Himbeere | der Saal | der Aal | der Klee | der Teer | das Boot | das Paar | leer | das Moos | das Haar

23 Wörter

2 Im Winter

Die Fee schaut | aus dem Fenster. |
Das Blumenbeet | liegt voller Schnee. |
Die Fee mag | den Sommer lieber. |
Dann fährt sie | mit dem Boot | über
den See | oder sie fliegt ans Meer | oder
sie geht in den Zoo. | Die Fee seufzt |
und trinkt einen Tee aus Beeren. |
Danach baut sie einen Schneemann.

51 Wörter

! Es gibt keine Regel, nach der du Wörter mit doppeltem Selbstlaut erkennen kannst. Du musst sie dir merken.

Wörter mit doppeltem Mitlaut

→ Auf einen kurz gesprochenen Selbstlaut (Vokal) folgen häufig **doppelte Mitlaute** (Konsonanten).

die Pu**pp**e die Ka**nn**e wi**ss**en stu**mm**

1 Urlaub am Strand

Die Bergers verbringen | den Sommer am Meer. | Anna und Klaus | schwimmen im Wasser. | Roland taucht | durch die Wellen. | Frau Berger sonnt sich. | Ihr Mann liegt im Schatten. | Sven buddelt im Sand. | Ina und Max | rennen um die Wette. | Wer zuerst beim Eismann ist, | hat gewonnen!

45 Wörter

2 Gerettet!

Die Bergers sitzen in der Sonne | und essen Kuchen. | Da hören sie | ein lautes Brummen. | Eine Hummel kreist über dem Essen. | Doch auf einmal | ist es still. | Der Brummer ist | in die Wasserkanne gefallen! | Schnell nimmt | Anna ihr Glas | und rettet das Tier. | So eine dumme Hummel!

47 Wörter

Wörter mit ck und tz

→ Die Mitlaute (Konsonanten) **k** und **z** werden in der Regel nicht verdoppelt. Auf einen kurzen Selbstlaut (Vokal) folgen dann meist **ck** oder **tz**.

der Rü**ck**en   ti**ck**en   die Ka**tz**e   si**tz**en

1 Zu spät!

Tom wacht auf. | Neben ihm tickt der Wecker. | Wie spät ist es? | Oh Schreck! | Mama hat verschlafen. | Sie hat ihn nicht geweckt! | Fort mit der Decke! | Wo steckt | die zweite Socke? | Die Tasche | muss er auch noch packen! | Da ist die Jacke! | Wenn er Glück hat, | schafft er es | zur zweiten Stunde!

52 Wörter

2 Meine Katze

Meine Katze sitzt | auf der Fensterbank | und putzt ihr Fell. | Wenn ich sie streichle, | kitzelt sie mich | mit ihren S c h n u r r h a a r e n. | Doch sie kann auch beißen | und kratzen. | An ihren Tatzen | hat sie spitze Krallen. | Damit jagt sie | Mäuse oder Spatzen. | Die Krallen wetzt sie | an ihrem Kratzbaum. | So bleiben sie schön scharf!

52 Wörter

Wörter mit s

→ Der **s**-Laut kann stimmhaft wie in **Sonne** oder stimmlos wie in **Maus** klingen. Hörst du ein stimmhaftes **s**, schreibst du immer **s**.
Am Wortende klingt der s-Laut immer stimmlos. Hörst du nach dem Verlängern des Wortes ein stimmhaftes **s**, wird es mit **s** geschrieben.

das **S**ofa – der Ra**s**en   die Mau**s** – die Mäu**s**e

1 Kurzdiktat

eine Laus, zwei Läuse | ein Los, zwei Lose | fies, fieser | das Eis, eisig | die Gans, die Gänse | das Glas, die Gläser

21 Wörter

2 Im Baumhaus

Paul sitzt | im Baumhaus | und liest. | Neben ihm | liegt eine Dose mit Käsebroten. | Da ruft ihn seine Mutter. | Ihr Sohn soll das Gras | auf der Wiese mähen! | Aber Paul bleibt oben. | Er hat jetzt Pause!

35 Wörter

3 Ein echt mieser Tag

Zuerst hat der Riese | seine neue Hose | mit Eis bekleckert. | Dann ist eine Maus | durch sein Haus gerast. | Und jetzt ist ihm | ein Glas auf den Kies gefallen! | Der Tag ist wirklich mies!

33 Wörter

Wörter mit ß

→ Ist der s-Laut nach einem langen Selbstlaut (Vokal) oder einem Doppellaut stimmlos, folgt meist ein **ß**. Steht der s-Laut am Wortende, musst du das Wort verlängern, um die richtige Schreibweise herauszufinden.

der Spa**ß** schlie**ß**en wei**ß**

1 Kurzdiktat

der Spaß, spaßig | der Fuß, die Füße | süß, süßer | groß, größer | der Kloß, die Klöße | der Stoß, stoßen | heiß, heißer | der Ruß, rußig

23 Wörter

2 Post aus dem Zeltlager

Liebe Familie, |

wir haben hier viel Spaß! | Heute haben wir | ein Floß gebaut. | Als es zu heiß wurde, | waren wir schwimmen. | Dabei hat Linus sich | den Fuß gestoßen. | Das tat weh | und er war ganz weiß | im Gesicht. | Abends halten wir | Würstchen am Spieß | ins Lagerfeuer. | Die sind lecker! |

Viele Grüße |
Florian

52 Wörter

Wörter mit ss

→ Folgt auf einen kurzen Selbstlaut (Vokal) oder Umlaut ein stimmloser s-Laut, schreibst du meistens **ss**.

kü**ss**en   die Schü**ss**el   das Ki**ss**en   na**ss**

1 Was für ein Durcheinander!

Die Königin | isst den Frosch | und das Mädchen | küsst den Apfel. Die Schüssel | passt ins Schloss | und der Schlüssel | ist voller Nüsse. Der Prinz | reitet auf einem Fass | und der Wein | ist in einem Ross.

35 Wörter

2 Die Kissenschlacht

Jens bewirft Till | mit einem Kissen. | „Lass das!“, | brummt Till. | „Ich muss Schulaufgaben machen.“ | Aber Jens macht weiter. | Da fasst Till | nach einem Kissen | und wirft zurück. | „Macht ihr etwa | eine Kissenschlacht?“, | will die Mutter wissen. | „Damit ist jetzt Schluss! | Wir essen gleich!“

43 Wörter

Namenwörter mit -el, -en und -er

→ Manche Namenwörter (Nomen) enden auf **-el**, **-en** oder **-er**. Sprich diese Endungen deutlich aus, damit du sie genau hörst und richtig schreibst.

der Vog**el** der Knot**en** der Vat**er**

1 Im Zoo

Anna und Suse | sind im Zoo: | Der Elefant winkt mit dem Rüssel. | Die Affen toben | auf einer Schaukel. | Ein Vogel hat einen Fisch | im Schnabel. | Zum Schluss | essen sie eine Waffel | mit einer Kugel Eis.

35 Wörter

2 Ein teurer Spaß

Kai rast mit dem Einkaufswagen | durch den Laden. | Achtung! | Da steht | ein Kasten Saft im Weg! | Kai bremst, | doch es ist zu spät: | Mit lautem Krachen | fällt der Wagen um. | Alles kullert | über den Boden. | Der Verkäufer schimpft: | „Den Schaden musst du bezahlen!“

43 Wörter

3 Gibt es schwimmende Käfer?

Manche Käfer | können schwimmen. | Ihre Körper | sind an das Leben | im Wasser angepasst. | Ihre Beine sind | wie kleine Ruder. | Viele dieser Käfer | sind nicht nur gute Schwimmer. | Sie sind auch prima Flieger. | Einige werden | bis zu vier Zentimeter groß!

39 Wörter

Die Nachsilben -chen und -lein

→ Wortbausteine am Ende eines Wortes heißen **Nachsilben**. Die Nachsilben **-chen** und **-lein** kennzeichnen ein Namenwort (Nomen). Sie drücken eine Verkleinerung aus. Wörter mit diesen Nachsilben werden großgeschrieben, weil sie Namenwörter sind.

das Ent**lein** das Bäum**chen** das Wäld**chen**

1 Der winzige Riese

Beim winzigen Riesen | ist alles klein. | Er hat keine Riesenmütze, | sondern ein Mützchen, | keine Stiefel, | sondern Stiefelchen | und kein Hemd, | sondern ein Hemdlein. | Sein Bart ist ein Bärtlein, | sein Hände sind Händchen. | Nachts schläft er | in einem kleinen Bettchen. | Und sein bester Freund | ist ein Zwerg.

46 Wörter

2 So viele Tierkinder!

Suse ist ganz | aus dem Häuschen! | Auf dem Bauernhof | gibt es winzige Kätzchen | und süße Ferkelchen, | ein kleines Kälbchen | und kuschelige Häschen. | Hast du auch das niedliche Hündchen | und die weichen Schäflein gesehen?

33 Wörter

→ Wortbausteine am Anfang eines Wortes nennt man **Vorsilben**. Sie verändern die Bedeutung eines Wortes. Die Vorsilben **Ver-/ver-** und **Vor-/vor-** werden mit **V/v** geschrieben.

vermeiden   der **Ver**kauf   **vor**lesen   die **Vor**führung

1 Das Zauberlabor

An Pias Tür | hängt seit heute | ein Schild: | Betreten verboten! | „Warum verrät sie uns nicht, | was sie macht?“, | fragt der Vater verwundert. | „Vielleicht versteckt sie | einen Verbrecher?“, | rätselt Pias Bruder. | Da kommt Pia | aus dem Zimmer. | Sie ist als Zauberer verkleidet. | „Das ist mein Zauberlabor. | Wer es betritt, | wird verzaubert!“, | verkündet sie vergnügt.

53 Wörter

2 Vorhang auf!

Heute gibt die Schule | eine Vorstellung für die Eltern. | Die Kinder haben sich | gut vorbereitet: | Sie werden vortanzen, | einen Sketch vorspielen | und ein Gedicht vortragen. | Die Eltern sind schon | voller Vorfreude. | Der Vorhang geht auf | und die Vorführung beginnt!

39 Wörter

…be ent-

→ Die Vorsilbe **Ent-/ent-** wird am Ende mit einem **t** geschrieben.

die **Ent**hüllung **ent**leeren **ent**laden

Aufpassen musst du bei den Wörtern, die zur Wortfamilie **Ende** gehören. Diese Wörter schreibst du mit **d**.

endlich **end**los

1 Alles muss raus!

Antons Mutter | entrümpelt den Keller. | Anton ist entsetzt. | Will sie das alles wegwerfen? | Gerade hat er | einen alten Fußball entdeckt. | „Den brauche ich noch!“, | ruft er entrüstet. | Doch der Entschluss seiner Mutter | steht fest: | „Der ist kaputt | und wird entsorgt!“ | Anton ist enttäuscht. | Nie darf er entscheiden!

47 Wörter

2 Die Verfolgungsjagd

Frau Müllers Hund wurde entführt! | Der Entführer ist | durch den Garten entwischt. | Doch die Polizei | ist sich sicher: | Der entkommt ihnen nicht. | Bei der Suche | entgeht ihnen kein Hinweis. | Schon bald haben sie | sein Versteck entdeckt. | Die Polizei gibt Entwarnung. | Der Entführer ist gefangen | und Bello ist zurück.

48 Wörter

Wortfamilie: schenken und bauen

→ Wörter aus einer **Wortfamilie** haben den gleichen **Wortstamm**. Deshalb werden sie meist gleich geschrieben.

schenken – das Ge**schenk** – ver**schenk**en

bauen – der **Bau**arbeiter – der Um**bau**

1 Das schöne Geschenk

Anna verschenkt | gerne Bücher. | Ihrer Freundin schenkt sie | zum Geburtstag | ihr Lieblingsbuch. | Sie packt es | in buntes Geschenkpapier ein. | Dann wickelt sie | ein schönes Geschenkband darum. | Hoffentlich gefällt ihr das Geschenk!

31 Wörter

2 Die gebaute Hütte

Tim und Ole | wollen ein Hütte bauen. | Das Baumaterial bekommen sie | von Oles Opa. | Dann legen sie los. | Sie haben einen genauen Bauplan. | Doch der Aufbau | ist nicht so leicht. | Da kommt Tims Vater. | „Ich glaube, | da müssen wir | noch etwas umbauen!“ | Mit seiner Hilfe | ist die Hütte | schnell aufgebaut.

50 Wörter

Wortfamilie: fahren und backen

→ Wörter aus einer **Wortfamilie** haben den gleichen **Wortstamm**. Manchmal kann sich der Wortstamm aber auch verändern. Dann musst du auf die richtige Schreibweise achten.

fahren – der **Fahr**er – aber: du **fähr**st

backen – die **Back**stube – aber: die **Bäck**erei

1 Besuch bei Oma

Lina fährt | mit dem Bus | zu ihrer Oma. | Der Bus kommt angefahren | und Lisa steigt ein. | Beim Busfahrer kauft sie | eine Fahrkarte. | Jetzt kann das große Fahrzeug losfahren. | An der Haltestelle | steht die Oma | mit ihrem Fahrrad. | Sie winkt. | „Hallo Lina! | Wie war die Fahrt?“

45 Wörter

2 Ein Plätzchen mit Überraschung

Toni backt Plätzchen. | Das Rezept steht | in seinem Backbuch. | Er verrührt die Zutaten. | Dann formt er | kleine Teigkugeln | und legt sie auf das Backblech. | Danach schiebt er alles | in den Backofen. | Wie das fertige Gebäck duftet! | Toni probiert und erstarrt: | Der kleine Bäcker | hat Zucker und Salz verwechselt!

48 Wörter

Wörter trennen nach Wortbausteinen

→ Zusammengesetzte Wörter und Wörter mit Vorsilben oder einer Nachsilbe kannst du leicht **trennen**.
Du kannst sie in ihre **Wortbausteine** zerlegen.

die Haus-tür   das Kind-chen   das Vor-wort

1 Kurzdiktat

das Haus-boot | der Kuh-stall | das Fern-rohr | der Maul-wurf |
das Wurst-brot | der Vor-sprung | der Fuß-ball | das Ver-bot |
der Schnee-mann | der Ent-wurf | das Vor-bild | das Kälb-chen |
das Tisch-lein | der Vor-wurf | der Ent-schluss

30 Wörter

2 Auf dem Flohmarkt

Lara und Finn gehen | auf den Floh-markt. | Lara mag | das süße Stoff-tier | und den See-hund aus Plüsch. | Auch das Arm-band | mit dem Herz-chen | und das Fern-glas | gefallen ihr. | Finn findet das | alte Renn-rad besser. | Oder soll er sich lieber | die Spiel-burg kaufen?

42 Wörter

Wörter trennen nach Sprechsilben

→ Wörter, die aus mehreren Silben bestehen, kannst du nach Sprechsilben trennen.

der Pa-ra-dies-vo-gel   die Rei-se-ta-sche

1 Kurzdiktat

Siehst du die Fle-der-maus?
Ist das die Wun-der-lam-pe | aus dem Mär-chen?
Lies uns | die Vam-pir-ge-schich-te vor!
Wir rei-sen | mit der Zeit-ma-schi-ne.

21 Wörter

2 Wo ist der Schatz?

Die Pi-ra-ten ha-ben | auf der ge-hei-men
In-sel | den Gold-schatz ver-gra-ben. |
Doch sie ha-ben | die Kar-te ver-lo-ren! |
Jetzt fin-den sie | die Schatz-kis-te |
nicht mehr. | Der Ka-pi-tän tobt. |
Dann be-ginnt er | wü-tend zu gra-ben. |
Ir-gend-wo muss sie doch sein!

37 Wörter

! Sprich dir die Wörter laut vor. Dann hörst du die einzelnen Silben leichter.

→ Ein **Fragesatz** endet immer mit einem **Fragezeichen**.

Was machst du heute**?**

Leihst du mir das Buch**?**

1 Nach den Ferien

Wie geht es dir? | Wo warst du im Urlaub? | Bekommen wir eine andere Lehrerin? | Sitzt du neben mir? | Hast du nach der Schule schon etwas vor? | Wieso hast du nicht angerufen? | Warst du weg?

34 Wörter

2 So viele Fragen!

Suse hat einen kleinen Bruder. | Er fragt ihr ständig | Löcher in den Bauch. | „Warum sind Blätter grün? | Wieso ist Regen nass? | Ist ein Regenwurm kitzelig? | Und hat ein fliegender Fisch Flügel?“ | Langsam ist Suse genervt. | Woher soll sie | das denn alles wissen?

42 Wörter

3 Nachrichten aus dem All

Nils sitzt | neben einem Marsmännchen. | Er stellt ihm | eine Menge Fragen: | „Wie fliegt | eine fliegende Untertasse? | Auf welchem Planeten | wohnst du? | Und was isst du | am liebsten?“ | Doch bevor das Marsmännchen | antworten kann, | wacht Nils auf. | Schade!

37 Wörter

Aufforderungssatz und Ausrufesatz

→ **Aufforderungssätze** und **Ausrufesätze** enden immer mit einem **Ausrufezeichen**.

Lauf nicht weg!

Das ist ja wunderbar!

1 Kurzdiktat

Sei ruhig! | Sprich lauter! | Fahr schneller! | Geh nicht so langsam! | Vergiss es! | Denk daran! | Komm wieder! | Hau ab! | Das ist ja scheußlich! | So ein Mist! | Ist das lecker! | Autsch! | Da bist du ja endlich!

34 Wörter

2 Der lange Lauf

Katja ist beim Stadtlauf gestartet. | Ihre Freunde stehen an der Strecke. | Timo ruft: „Lauf Katja!“ | Mia schreit: | „Du schaffst das!“ | Ron kräht: | „Bald bist du am Ziel!“ | Ole feuert sie an: | „Halte durch!“ | Eva brüllt: | „Gib Gas!“ | Katja läuft über die Ziellinie. | Da steht ihr Trainer: | „Das war spitze!“

49 Wörter

! Alle Satzzeichen bis auf das Ausrufezeichen können mitdiktiert werden.

FiT FÜR DIE SCHULE

Das kann ich!

Diktate

3. Klasse

TESSLOFF

Großschreibung von Nomen

→ **Nomen** (Namenwörter) bezeichnen Personen, Tiere, Pflanzen und Dinge, aber auch Gefühle, Vorstellungen und Gedanken. Nomen schreibst du immer groß. Sie haben einen Artikel (Begleiter). Der Artikel muss nicht immer direkt vor dem Nomen stehen. Und manchmal kann er auch ganz fehlen. Fast alle Nomen können in der Einzahl und in der Mehrzahl stehen.

der **B**aum – ein kleiner **B**aum – Hier wachsen **B**äume.

die **A**ngst – die große **A**ngst – Ich habe **A**ngst.

1 Ab in die Ferien!

Nina fährt in den Ferien | mit ihren Eltern | und ihrem kleinen Bruder Ben | nach Italien. | Nun überlegt sie, | was sie einpacken soll: | Die meisten Kleider | hat sie schon in den Koffer gelegt. | Es fehlen noch | der gepunktete Rock, | die Sommerschuhe | und ihr neuer Badeanzug. | Außerdem nimmt sie zwei Bücher, | Spiele und ein Wörterbuch mit. | Zum Schluss steckt sie noch | ein Kissen in den Rucksack. | Nina freut sich schon, | denn sie werden bestimmt | viel Spaß im Urlaub haben!

77 Wörter

2 Eine Raupe in Gefahr

Lukas ist auf dem Weg zur Sporthalle. | Da sieht er eine Raupe, | die vom Rasen auf den Gehweg kriecht. | Lukas bleibt stehen | und schaut sich | das seltsame Tierchen genauer an. | Es hat viele winzige Beine | und seine Haut ist gelb | mit grünen Punkten. | Lukas nimmt ein Blatt | und schiebt die Raupe darauf. | Denn sie ist in Gefahr. | Schließlich kann jeden Moment | jemand auf sie treten. | „Hab keine Angst!“, | murmelt er leise. | „Im Gras bist du in Sicherheit!“

77 Wörter

→ **Tageszeiten** können mit Nomen (Namenwörtern) bezeichnet werden.
Sie werden dann großgeschrieben.

der **M**ittag – am **A**bend – um **M**itternacht

1 Der Tagesausflug

Die Klasse 3a macht einen Ausflug. | Am Morgen fährt der Bus | an der Schule ab. | Nach einer Stunde Fahrt | steigen die Schüler aus | und wandern los. | Am Mittag machen sie eine Pause. | Dann geht es weiter | an einem Fluss vorbei. | Der Nachmittag ist schnell vorüber, | denn es gibt viel zu entdecken. | Am frühen Abend | kommen sie wieder am Parkplatz an, | wo der Bus auf sie wartet. | Die Kinder sind müde. | Heute Nacht werden alle gut schlafen!

76 Wörter

2 Aprilwetter

Um Mitternacht wacht Kim auf. | Sie schaut aus dem Fenster. | Draußen schneit es! | Doch am anderen Morgen | scheint die Sonne. | Am Mittag hängen dicke Wolken am Himmel. | Eine Stunde später | ist es schon wieder warm und freundlich. | Am Nachmittag zieht ein Sturm auf | und dicke Regentropfen | fallen vom Himmel. | Bis zum Abend | bleibt es kühl und bewölkt. | Doch als Kim am Abend | ihren Eltern eine gute Nacht wünscht, | sieht sie den Mond leuchten.

73 Wörter

Vertrauliche Anrede

→ Für Personen, die du gut kennst, verwendest du die vertrauliche Anrede **du** und **ihr** sowie die entsprechenden Formen **dich**, **dir**, **deine**, **euch**, **eure** ... In der Regel werden diese Pronomen (Fürwörter) kleingeschrieben. In Briefen und E-Mails kannst du sie klein- oder großschreiben. Du musst dich dann aber für eine einheitliche Schreibweise entscheiden.

1 Geburtstagsgrüße an Oma

Liebe Oma, |

alles Gute zum Geburtstag | wünscht dir/Dir deine/Deine Enkelin Annika. | Leider kann ich nicht | zu deiner/Deiner Geburtstagsfeier kommen, | weil wir auf Klassenfahrt sind. | Ich hoffe aber, | du/Du feierst schön | und ihr/Ihr macht euch/Euch | einen schönen Tag. | Ich habe dir/Dir ein Fotoalbum gebastelt. | Mama bringt es dir/Dir mit. | Hoffentlich gefällt es dir/Dir! | Viele Grüße an Opa. |

Alles Liebe |

Annika

59 Wörter

2 E-Mail an Jan

Lieber Jan, |

das Wochenende mit dir/Dir | und deinem/Deinem Bruder war super! | Die Höhlenwanderung mit euch/Euch | hat richtig Spaß gemacht. | Ich habe aus Versehen | dein/Dein Buch eingepackt. | Ich schicke es dir/Dir aber sofort zurück. | Dafür habe ich meinen Schal | in eurer/Eurer Baumhütte vergessen. | Kannst du/Du ihn mir auch schicken? | Hoffentlich sehe ich euch/Euch bald wieder! |

Bis bald |

Fabian

57 Wörter

Höfliche Anrede

→ Bei der höflichen Anrede benutzt du die Pronomen (Fürwörter) **Sie**, **Ihnen**, **Ihr**, **Ihre** oder **Ihren**. Diese Pronomen werden immer großgeschrieben.

1

Auf dem Wochenmarkt

„Hallo Frau Schulze! | Schön, Sie zu sehen! | Wie geht es Ihnen?“

„Entschuldigen Sie bitte! | Wissen Sie, | wo ich frische Kräuter kaufen kann?“

„Können Sie mich bitte durchlassen?“

„Seien Sie doch nicht so ungeduldig!“

„Warten Sie, | ich gebe Ihnen eine Tüte | für Ihre Einkäufe!“

„Nehmen Sie bitte | Ihren Hund da weg! | Er knabbert an meinen Blumen!“

55 Wörter

2

Der Dankesbrief

Lieber Herr Müller, |

wir möchten uns ganz herzlich | bei Ihnen für den spannenden Tag | auf Ihrem Bauernhof bedanken. | Es war ganz toll, | dass Sie sich so viel Zeit | für uns genommen haben. | Am besten hat uns gefallen, | wie Sie die Lämmer | mit Milch gefüttert haben. | Aber auch die kleinen Ferkel | und das Melken der Kühe waren super! | Als kleines Dankeschön | haben wir Ihnen einen Bauernhof | mit Ihren Tieren gebastelt. | Wir hoffen, | er gefällt Ihnen! |

Herzliche Grüße |

Ihre Klasse 3c

79 Wörter

Wörter mit Ä/ä

→ Die Laute (ä) und (e) klingen oft sehr ähnlich. Die meisten Wörter mit **Ä/ä** sind mit einem Wort mit **A/a** verwandt. Suche deshalb nach anderen Wörtern aus der Wortfamilie.

j**a**gen – der J**ä**ger   k**a**lt – die K**ä**lte   die K**a**rte – das K**ä**rtchen

Einige Wörter mit **Ä/ä** haben keinen Verwandten mit **A/a**. Diese Wörter musst du lernen.

der B**ä**r   das M**ä**dchen

1 Die Abfahrt

Ulf und Martin stehen mit ihren Rädern | auf einem Hügel. | „Komm, wir fahren hinunter!“, | schlägt Ulf vor. | Martin schaut ängstlich. | Die Abfahrt sieht ziemlich gefährlich aus | und dicke Äste | hängen über dem Weg. | Aber Ulf drängelt schon | und lässt nicht locker. | „Dann fängst du aber an!“, | sagt Martin. | Ulf zählt bis drei, | dann fährt er los. | Sofort gerät er vom Weg ab | und fällt hin. | „So ein Mist“, | flucht er. | „Hier kommen wir nicht runter.“ | Martin lächelt erleichtert.

78 Wörter

2 Der goldene Käfer

Die Mutter erzählt ein Märchen: | Es war einmal ein goldener Käfer. | Er wurde von einem grässlichen Mann | in einem Käfig gefangen gehalten. | Eines Tages kam ein Mädchen vorbei. | „Hol mich hier raus!“, | bat der Käfer | mit Tränen in den Augen. | Das Mädchen nahm eine Säge | und begann den Käfig aufzusägen. | Der Lärm lockte | den grässlichen Mann an. | Doch er kam zu spät! | Der Käfig war offen | und der Käfer flog glücklich | zur Tür hinaus.

74 Wörter

Wörter mit Äu/äu und mit Eu/eu

→ **Äu/äu** und **Eu/eu** sind leicht zu verwechseln. Ob ein Wort mit **Äu/äu** geschrieben wird, kannst du herausfinden, indem du nach verwandten Wörtern mit **Au/au** suchst.

der B**au**er – die B**äu**erin der Tr**au**m – tr**äu**men

Wörter mit **Eu/eu** musst du dir merken.

die **Eu**le die L**eu**te h**eu**te

1 Die Kräuterhexe

Die alte Anna | lebt in einem Häuslein | im Wald. | Es liegt versteckt | hinter großen Bäumen. | Nur manchmal verläuft sich | ein Wanderer zu ihr. | In ihren Räumen | riecht es nach Rauch. | Auf dem Dach nisten Täubchen. | Ihr Kräutergarten | ist von Sträuchern gesäumt. | Aus den Kräutern macht sie Tee. | Der sorgt für gute Träume, | macht gesund oder wach. | Manche Menschen behaupten, | sie sei eine Kräuterhexe, | die sogar mit Mäusen sprechen kann!

69 Wörter

2 Ein Waldausflug

Viola und Niklas sind heute | im Wald unterwegs! | „Schau mal da!“, | Niklas deutet auf ein Reh. | Doch das scheue Tier | ist schon wieder verschwunden. | Viola beugt sich neugierig | über den Eingang eines Fuchsbaus. | Da erklingt der Schrei einer Eule. | Es wird schon dunkel! | Auf dem Heimweg | hören sie ein leises Heulen. | Ob das ein Wolf ist?

56 Wörter

! Die Diktate mit **Äu/äu** und **Eu/eu** solltest du nicht direkt hintereinander üben.

Wörter mit ai

→ Es gibt nur wenige Wörter mit **ai**. Diese Wörter musst du dir merken.

der **Hai** der **Mais**

1 Wusstest du das?

Dem Hai wachsen Zähne | immer wieder nach.
Maispflanzen können bis zu | zweieinhalb Meter hoch werden.
Maiglöckchen blühen auch im Juni.
Ein frischer Brotlaib | duftet herrlich!
Auch in Deutschland | gab es mal einen Kaiser.
Eine Violine | hat vier Saiten.
Ein Kind ohne Eltern | nennt man Waisenkind.

45 Wörter

2 Brot für den Kaiser

Das Waisenmädchen Marie | konnte das beste Maisbrot | der Welt backen. | An einem sonnigen Maitag im Frühling | fuhr der Kaiser mit der Kutsche | an ihrem Laden vorüber. | Da stieg ihm der Duft | der frischen Brotlaibe in die Nase. | Er ließ die Kutsche halten | und Marie brachte ihm | den schönsten Laib. | Der Kaiser ernannte sie sofort | zur kaiserlichen Hofbäckerin. | Marie war glücklich | und von ihrem ersten Lohn | kaufte sie sich neue Saiten | für ihre Gitarre.

73 Wörter

b und p am Wortende

→ Am Wort- oder Silbenende klingen **b** und **p** gleich. Wenn du das Wort verlängerst oder nach einem verwandten Wort suchst, findest du die richtige Schreibweise aber schnell heraus.

der Rau**b** – rau**b**en   er hu**p**t – die Hu**p**e

1 Der Überfall

An der Tür des Schmuckladens | klebt ein Schild: | Heute bleibt das Geschäft geschlossen. | Denn gestern hat ein Dieb | den Laden ausgeraubt. | Der Räuber bedrohte die Verkäuferin | und sie gab ihm | den ganzen Schmuck. | Dann machte er sich aus dem Staub. | Die Frau beschrieb | der Polizei den Dieb. | Er hatte eine plumpe Figur, | trug gelbe Turnschuhe | und eine Maske. | Der Besitzer des Geschäfts tobte, | als er von dem Überfall hörte. | Die Verkäuferin nahm erst einmal Urlaub.

75 Wörter

2 Der Löwe

Der Löwe lebt | in der staubigen Savanne in Afrika. | Er gehört zu den größten | Raubkatzen der Erde. | Sein Fell ist gelblich braun. | Seine Mähne ist etwas dunkler gefärbt. | Zu einem Löwenrudel gehören | ein Männchen, | mehrere Weibchen | und ihre Jungen. | Das Männchen ist der Chef. | Wenn die Weibchen auf die Jagd gehen, | bleibt der Löwe bei den Jungen. | Trotzdem darf er zuerst fressen. | Doch irgendwann | kommt ein jüngerer, | stärkerer Löwe | und vertreibt das alte Tier, | um seinen Posten zu übernehmen.

79 Wörter

d und t am Wortende

→ Am Wort- oder Silbenende klingen **d** und **t** gleich. Du kannst die richtige Schreibweise herausfinden, indem du das Wort verlängerst oder nach einem verwandten Wort suchst. Verben (Tunwörter) in der 3. Person Einzahl enden immer auf **t**.

die Wan**d** – die Wän**d**e al**t** – äl**t**er er renn**t**

1 Kurzdiktat

Die Luft ist mild. | Die Hand ist kalt. | Der Hut ist alt. | Das Rad ist rund. | Das Kind ist gesund. | Das Brot ist hart. | Der Hund bellt laut. | Das Kleid ist bunt.

32 Wörter

2 Kurzdiktat

Die Schlange hat einen Giftzahn. | Die Pilze wachsen am Waldrand. | Das Luftschiff hebt ab. | Der Honig hat eine goldgelbe Farbe. | Die Abendsonne scheint noch warm.

25 Wörter

! Auch bei zusammengesetzten Wörtern kannst du die Verlängerungsprobe machen.

3 Der Ausritt

Tina reitet heute zum ersten Mal aus! | Etwas nervös ist sie schon. | Doch der Reitlehrer spricht | ihr Mut zu: | „Du wirst das gut schaffen!“ | Sie sattelt ihr Pferd, | dann reitet die Gruppe los. | Direkt hinter Tina | reitet ihr Freund Lars. | Die Gruppe trabt über einen schmalen Pfad | durch den Wald. | Die Mähnen der Pferde | flattern im Wind. | Unterwegs sehen sie viele Waldtiere: | einen Specht, | ein Wildschwein | und ein Reh. | Tina ist begeistert: | „Das macht echt Spaß!“

76 Wörter

g und k am Wortende

→ Am Wort- oder Silbenende klingen **g** und **k** gleich. Um die richtige Schreibweise herauszufinden, musst du das Wort verlängern oder nach einem verwandten Wort suchen.

der Ta**g** – die Ta**g**e   er lü**g**t – die Lü**g**e   star**k** – stär**k**er

1 Es spukt!

In Timos Zimmer spukt es! | Jede Nacht schlägt ein Geist | leise gegen den Kleiderschrank. | Aber heute legt Timo | sich auf die Lauer. | Als das Klopfen beginnt, | macht er sich mutig | auf den Weg zum Schrank. | Vorsichtig öffnet er ihn. | Aber was ist das? | Der Sockenberg bewegt sich! | Timo springt zur Seite. | Es war wohl doch nicht so klug, | alleine Geister zu jagen! | Schon wieder regt sich | der Sockenberg. | Jetzt erkennt Timo den Geist: | Es ist eine Maus!

77 Wörter

2 Der Drachenflug

Tom hat zum Geburtstag | einen Drachen geschenkt bekommen. | Doch am nächsten Tag | regt sich kein Lüftchen. | Erst am Sonntag | bläst der Wind | stark genug. | Aufgeregt stürmt er | mit dem Drachen nach draußen. | Zusammen mit seinem Vater | legt er ihn auf ein Feld. | Vorsichtig nimmt Tom | die Schnüre in die Hand. | Nichts bewegt sich. | Erst als der Vater | den Drachen in den Wind hält, | steigt er auf. | Tom lenkt ihn mit den Schnüren. | Wie hoch er fliegt!

76 Wörter

Wörter mit ng und mit nk

→ Bei Wörtern mit **ng** und **nk** musst du genau hinhören, denn diese Laute können ähnlich klingen. Wenn du dir nicht sicher bist, wie ein Wort am Ende geschrieben wird, kannst du es verlängern oder ein verwandtes Wort suchen.

der Kla**ng** – kli**ng**en   er tri**nk**t – tri**nk**en

1 Die ehrliche Finderin

Mona hat einen Ring | mit einem kleinen Schmetterling | gefunden. | Er passt genau auf ihren Finger | und ist gar nicht zu eng. | Da sieht sie einen Zettel, | der an einem Baum hängt. | Jemand hat den Ring verloren | und sucht ihn jetzt! | Mona überlegt nicht lange. | Sie schwingt sich auf ihr Rad | und bringt ihn zurück. | Als sie an der Tür klingelt, | öffnet eine junge Frau. | Sie freut sich sehr | und gibt der ehrlichen Finderin | zur Belohnung 5 Euro.

77 Wörter

2 Der Streit

Timo sitzt auf der Küchenbank | und denkt nach. | Er hat sich mit Ole gezankt. | Timo hat ein Fahrrad geschenkt bekommen | und Ole hat versehentlich | den Lenker zerkratzt. | Da hat Timo ihn wütend Stinktier genannt. | Das hat Ole gekränkt. | Jetzt tut es Timo leid. | Er geht zum Kühlschrank, | holt sich ein Glas Saft | und trinkt einen Schluck. | Doch was ist das? | Draußen steht ja Ole | und winkt ihm zu! | Jetzt renkt sich | bestimmt alles ein!

74 Wörter

Wörter mit V/v, das wie F/f klingt

→ Die meisten Wörter mit f-Laut werden mit **F/f** geschrieben. Manche Wörter werden aber mit **V/v** geschrieben. Die Vorsilben **Ver-/ver-** und **Vor-/vor-** werden immer mit **V/v** geschrieben. Die anderen Wörter mit **V/v** musst du dir merken.

der **Ver**kauf   der **Vor**rat   der **V**ater   **vier**

1 Kurzdiktat

der Vater | viel | von | vielseitig | vielleicht | das Volk | der Vogel | völlig | der Vollmond | das Vieh | vier | vierzig | der Vierbeiner | das Veilchen

21 Wörter

2 Wo ist Omas Brille?

Oma möchte Emilia | eine Geschichte vorlesen, | aber sie hat ihre Brille verlegt. | Liegt sie unter der Wolle vergraben? | Oder hat Oma sie | in der Küche vergessen? | Vielleicht wird sie von der Zeitung verdeckt? | Oma ist verzweifelt. | Wo ist sie nur? | Emilia startet einen letzten Versuch. | Und richtig! | Da lugt ein Brillenbügel | unter dem Vorhang hervor! | Vergnügt beginnt Oma mit der Geschichte.

61 Wörter

3 Quatschdiktat

Vier Vögel | wollen ihre Verwandten | im Süden besuchen. | Allerdings haben sie Verspätung, | denn heute ist viel Verkehr am Himmel. | „Vielleicht versuchen wir es | besser morgen?“, | schlägt einer vor. | „Vermutlich ist es dann | nicht so voll.“ | Das erscheint den Vögeln vernünftig. | Beim zweiten Versuch | wird es schon klappen!

47 Wörter

Wörter mit Pf/pf

→ **Pf/pf** hört sich ähnlich an wie **F/f**. Du kannst sie aber leicht unterscheiden, wenn du dir die Wörter deutlich vorsprichst.

der Zo**pf** **pf**lanzen der Ko**pf** hü**pf**en

1 Kurzdiktat

Hühner hüpfen über Pfützen. | Pferde stampfen im Stall | und mampfen Heu. | Kühe rupfen und zupfen Gras. | Der Bauer stopft Löcher im Zaun.

22 Wörter

2 Die Naschkatze

Auf leisen Pfoten | schlüpft die Katze | in die Küche. | Es riecht nach frischer Pflaumenmarmelade! | Lautlos hüpft sie auf den Tisch. | Da hinten steht ja der Topf! | Er dampft noch. | Vorsichtig steckt sie | den Kopf hinein | und schleckt an der Marmelade. | Lecker! | Da kommt die Mutter herein. | „Pfoten weg!“, | schimpft sie.

50 Wörter

3 Treffer!

Toni und Lukas haben sich | Pfeil und Bogen gebastelt. | Die stumpfen Pfeilenden haben sie | mit dem Messer angespitzt. | Jetzt stapfen sie durch den Garten | und suchen ein Ziel. | „Wie wäre es | mit dem Apfel am Baum?“, | fragt Toni. | Lukas nickt, | zielt und trifft! | Der Apfel fällt herunter | und kullert direkt in eine Pfütze. | Toni pfeift anerkennend | und stopft sich | den tropfenden Apfel in die Tasche. | „So können wir | immer Äpfel pflücken!“

71 Wörter

→ Für den (ks)-Laut gibt es verschiedene Schreibweisen. Er kann mit **x**, **chs**, **gs**, **ks** oder **cks** geschrieben werden. Die wenigen Wörter mit **x** musst du dir merken.

der Mi**x**er bo**x**en das **X**ylofon

1 Kurzdiktat

Hexen mixen | sonderbare Mixgetränke.
Max boxt | in einer echten Boxschule.
Maxi ist Expertin | für extra schwere Textaufgaben.
Der Kracher ist | extrem laut explodiert.

23 Wörter

2 Quatschdiktat

Am Taxistand stehen | eine Dame mit Hexenbesen, | ein Riese mit Boxernase | und ein Zwerg mit Axt in der Tasche. | Sie steigen in ein Taxi. | „Maxstraße 8, | aber fix!“, | ruft der Zwerg. | „Du bekommst auch | extra viel Trinkgeld!“ | Der Taxifahrer rast los. | Am Ziel erwartet sie schon | ein extrem blasser Mann | mit langen Zähnen. | „Da kommen ja die Experten!“, | begrüßt er die drei unheimlichen Gestalten. | Der Taxifahrer gibt Gas. | Nix wie weg hier!

72 Wörter

! Lass dir zuerst die grünen Lernwörter diktieren und übe später das ganze Diktat.

Wörter mit St/st und mit Sp/sp

→ Du hörst (schp) und schreibst **Sp/sp**. Oder du hörst (scht) und schreibst **St/st**.

der **Sp**iegel **sp**ielen der **St**ock **st**echen

1 Quatschdiktat

Der Strauß steht stumm | auf der Straße herum.
Der Stier stapft stur | bei uns durch den Flur.

17 Wörter

2 Noch mehr Quatsch

Die sportliche Spinne | springt über die Rinne.
Der spaßige Spatz | spielt gern mit der Katz.

15 Wörter

3 Es spukt!

Tom steigt die steile Treppe | zum Speicher hinauf. | Sein Bruder behauptet, | dort spuke es. | Aber Tom glaubt ihm nicht. | Er stößt die Tür auf. | Staub wirbelt auf. | Hier oben ist es stockdunkel | und es stinkt nach Mottenpulver. | Tom stolpert | über einen Stuhl. | Fast wäre er gestürzt! | In der Ecke steht ein Spiegel | voller Spinnweben. | Aber was ist das? | Tom spürt einen Lufthauch | und erstarrt. | Stöhnt da jemand leise? | Mit einem spitzen Schrei | stürmt er hinaus. | Vielleicht gibt es doch Gespenster?

80 Wörter

Wörter mit Dehnungs-h

→ Oft folgt auf einen lang gesprochenen Vokal (Selbstlaut) oder Umlaut ein **h**. Man nennt es **Dehnungs-h**. Das Dehnungs-h steht nur vor **l**, **m**, **n**, oder **r**. Du kannst es nicht hören. Wörter mit einem Dehnungs-h musst du lernen.

de**h**nen   gä**h**nen   das O**h**r

1 Die Höhle

Jakob und Till | sind mit ihren Fahrrädern unterwegs. | Plötzlich verdunkelt sich der Himmel. | Ein Gewitter bahnt sich an! | Das hat ihnen | gerade noch gefehlt! | Schnell fahren sie zu den Felsen. | Kaum sind sie da, | beginnt ein ungewöhnlich heftiges Gewitter. | Da entdeckt Till einen Gang. | Er führt in eine Höhle! | Die beiden gehen hinein. | Drinnen ist es sehr kühl | und stockdunkel. | „Lass uns umkehren“, | flüstert Jakob. | „Ohne Licht | ist das zu gefährlich!“ | Doch schon morgen wollen sie | die Höhle untersuchen!

79 Wörter

2 Beim Zahnarzt

Susanne hat Zahnschmerzen. | Die Mutter ruft beim Zahnarzt an | und bekommt einen Termin | für zehn Uhr. | Sie fahren | mit der Bahn zur P r a x i s. | Susanne hat Angst. | Hoffentlich muss der Arzt nicht bohren! | Sie setzt sich auf den Stuhl | und der Zahnarzt | schaut in ihren Mund. | Er greift zum Bohrer. | „Das haben wir gleich!“, | verkündet er fröhlich. | Nach kurzer Zeit ist er fertig. | Susanne strahlt: | „Das war nicht schlimm!“ | Nachmittags erzählt sie | ihrer Freundin davon. | Denn die hat auch Angst | vor dem Zahnarzt!

82 Wörter

Wörter mit ie und langem i ohne Kennzeichnung

→ Die meisten Wörter mit lang gesprochenem **i** werden mit **ie** geschrieben.

das Sp**ie**l   z**ie**len   das T**ie**r

Es gibt nur wenige Wörter mit lang gesprochenem **i** ohne Kennzeichnung.

der T**i**ger   w**i**r   die L**i**monade

1 Die Riesen des Meeres

Der Blauwal ist das größte Tier der Erde. | Der Riese | taucht bis zu 300 Meter tief | und wiegt bis zu 136 Tonnen. | Das ist so viel | wie 30 Elefanten wiegen! | Am liebsten frisst er Plankton | und kleine Meerestiere. | An seinem Oberkiefer | hat er schmale Hornplatten, | die Barten. | Damit siebt er das Futter | aus dem Wasser. | Früher wurde dieses Tier gejagt. | Heute ist die Jagd | auf den Blauwal verboten.

68 Wörter

2 Im Kino

Der Biber und der Igel | gehen ins Kino. | Der Igel kauft zwei Karten | und gibt dem Biber eine. | Der Biber besorgt Limonade. | „Hat es dir gefallen?“, | fragt der Biber nach dem Film. | „Ja“, sagt der Igel, | „wir sollten öfter ins Kino gehen!“

42 Wörter

! Nur wenige Wörter werden mit **ieh** geschrieben.

3 Kurzdiktat

Der Räuber stiehlt. | Das Vieh grast. | Das Pferd wiehert. | Der König befiehlt. | Das Wunder geschieht. | Der Schlittenhund zieht. | Das Kind sieht.

21 Wörter

Wörter mit doppeltem Vokal

→ Manche Wörter werden mit **aa**, **ee** oder **oo** geschrieben. Diese doppelten Vokale (Selbstlaute) werden lang gesprochen.

das H**aa**r   l**ee**r   das M**oo**s

1 Kurzdiktat

Das Paar tanzt | durch den Saal.

Der Seemann fährt | mit dem Boot | aufs Meer hinaus.

Der Schneemann | steht im Blumenbeet.

Mama mag Kaffee | lieber als Tee.

Im Zoo habe ich | langhaarige Affen gesehen.

33 Wörter

2 Die Fee im Moor

Opa hat Finn | eine Tasse Brombeertee gemacht. | Jetzt setzt er sich | mit seinem Kaffeebecher neben ihn | und erzählt eine Gruselgeschichte: | „Vor langer Zeit lebte eine böse Fee | am Rande des Moors. | Das Moor grenzte | an einen dunklen See. | Eines Tages traute sich | ein Angler mit seinem Ruderboot | auf den See. | Denn dort gab es viele Aale. | Doch die Fee zog ihn | an den Haaren ins Moor. | Das Boot blieb leer zurück.“ | Finn erschauert. | Gut, dass er im Warmen sitzt!

79 Wörter

Wörter mit doppeltem Konsonanten

→ Auf einen kurzen Vokal (Selbstlaut) oder Umlaut folgen meist **doppelte Konsonanten** (Mitlaute).

die Mu**tt**er   ho**ff**en   sa**tt**

1 So ein Unsinn!

Alle Hennen | können schnell rennen.

Mollige Grillen | wollen tolle Brillen.

Die fette Ratte | wünscht sich ein Bett aus Watte.

Der brummige Hummer | hat schlimmen Kummer.

Die flotten Motten | müssen ständig spotten.

Die dünnen Spinnen | wollen immer gewinnen.

37 Wörter

2 Echt gruselig!

Anne und Jutta | kommen an einer dunklen Hütte vorbei. | Der Wind rüttelt an den Fenstern. | Die Tür knallt auf und zu. | Eine wimmernde Stimme | ist zu hören. | Hinter einer Tanne | sehen sie einen dünnen Mann. | Plötzlich ertönt ein lauter Knall. | Ein Gerippe fällt aus der Tür! | Anne klammert sich an Juttas Arm. | Doch Jutta lacht: | „Das ist doch nur eine Puppe!“ | Anne muss einmal tief durchatmen. | So eine Geisterbahnfahrt | kann ganz schön gruselig sein!

74 Wörter

Wörter mit ck und mit tz

→ Die Konsonanten (Mitlaute) **k** und **z** werden in der Regel nicht verdoppelt. Meist folgen dann auf einen kurzen Vokal (Selbstlaut) oder Umlaut die Konsonanten **ck** oder **tz**.

die Mü**ck**e   we**ck**en   die Mü**tz**e   si**tz**en

1 Kurzdiktat

die Mücke | ticken | der Fleck | der Rücken | wackeln | der Deckel | die Socke | die Katze | der Blitz | kitzeln | kratzen | sitzen | spitz | der Spatz | die Pfütze

24 Wörter

2 Leckerer Speck!

Die Maus steckt ihre Nase | aus der Hecke heraus. | Der Duft von Speck | lockt sie aus dem Versteck. | Das Speckstück muss in der Mülltonne sein! | Die Maus hat Glück, | denn der Deckel steht offen. | Aber was ist das? | Da hockt ein Kind | und guckt sich einen Regenwurm an. | Leise huscht die Maus | an ihm vorbei | und klettert in die Tonne. | Da ist ja das gute Stück! | Schmeckt das lecker!

69 Wörter

3 Ein heißer Tag

Tim und Anton sitzen im Schatten. | „Ist das eine Hitze!“, | ruft Tim | und setzt seine Mütze ab. | „Sollen wir zum Badesee fahren?“ | „Das ist doch nur | eine schmutzige Pfütze!“, | motzt Anton. | „Man müsste am Meer wohnen“. | „Oder man müsste ein Eisbär sein“, | witzelt Tim. | Aber Anton findet das nicht komisch. | Wenn er nur an das Fell denkt, | beginnt er schon zu schwitzen!

62 Wörter

Wörter mit s am Ende

→ Der (s)-Laut kann stimmhaft wie in **Sonne** oder stimmlos wie in **Maus** klingen. Am Wortende klingt der (s)-Laut immer stimmlos. Hörst du nach dem Verlängern des Wortes ein stimmhaftes **s**, wird es mit **s** geschrieben.

eine Gan**s** – viele Gän**s**e   er lie**s**t – le**s**en

1 Kurzdiktat

Die Maus saust | um das Haus.

Die Laus haust | in einem alten Koffer.

Der Greis reist | gerne mit dem Zug.

Der Hund rast | über das Gras.

Der Wegweiser weist | uns den Weg.

32 Wörter

2 Die Glaskugel

Timo liegt im Gras | und liest ein Buch. | Es handelt von einem weisen Greis. | Der Alte kann die Zukunft | aus einer Glaskugel vorhersagen. | Und so reist er um die Welt | und speist mit mächtigen Königen, | die seine Weisheit loben. | Doch diese Macht hat einen hohen Preis. | Immer wenn der Greis | in die Kugel schaut, | wird sein Herz kalt wie Eis. | Atemlos blickt Timo auf. | Bevor er weiter-liest, | braucht er eine Pause!

71 Wörter

Wörter mit ß

→ Ist der (s)-Laut nach einem langen Vokal (Selbstlaut) oder einem Doppellaut stimmlos, schreibst du meist ein **ß**. Steht der (s)-Laut am Wortende, kannst du das Wort verlängern, um die richtige Schreibweise herauszufinden.

gefrä**ß**ig　　　hei**ß** – hei**ß**er

1 Kurzdiktat

weiß, weißer | er schmeißt, schmeißen | Strauß, Sträuße | Spaß, spaßig | es fließt, fließen | Fleiß, fleißig | sie schießt, schießen | er vergaß, sie vergaßen

21 Wörter

2 Der weiße Blitz

Lena schließt die Haustür | und geht auf die Straße. | Da schießt ihr | ein weißer Blitz entgegen | und springt an ihr hoch. | „Der beißt nicht!“, | ruft eine Frau. | „Er will dich nur begrüßen!“ | „Das ist ja ein süßer Hund!“, | ruft Lena. | „Er heißt Herr Wuff“, | antwortet die Frau. | Lena lacht. | Was für ein spaßiger Name!

54 Wörter

3 Ein verregneter Tag

Draußen gießt es in Strömen. | Thomas sitzt drinnen | und weiß nicht, | was er machen soll. | Eigentlich wollte er Fußball spielen. | Aber nun ist das Wetter so scheußlich. | Thomas schließt die Augen. | Er stellt sich vor, | er wäre ein großer Fußballer | und alle würden ihm zujubeln. | Da beschließt er, | doch auf den Fußballplatz zu gehen. | Schließlich spielen echte Profis | auch im Regen!

61 Wörter

Wörter mit ss

→ Folgt auf einen kurzen Vokal (Selbstlaut) oder Umlaut ein stimmloser s-Laut, schreibst du meistens **ss**.

der Ri**ss** wi**ss**en die Ta**ss**e der Rü**ss**el

1 Bei den Elefanten

Die Klasse 3a steht vor dem Elefantengehege. | Gerade taucht ein Elefant | den Rüssel ins Wasser | und spritzt sich genüsslich nass. | Da kommt der Pfleger | mit einem Fass voller Obst und Nüsse. | Ein Leckerbissen für die Tiere! | „Dürfen wir mal ein Tier anfassen?", | will einer der Schüler wissen. | Der Pfleger nickt freundlich | und führt einen Elefanten an das Gitter. | Geduldig lässt er sich streicheln. | Die Schüler sind sich einig: | Das ist viel besser als Schule!

74 Wörter

2 Wo steckt Moppel?

Tine sitzt im Garten und isst Kuchen. | Plötzlich hört sie Finn schreien: | „Moppel ist weg!" | Schnell rennt sie zum Kaninchenstall. | Die Tür ist geschlossen. | Aber wo steckt Moppel? | „Hoffentlich ist ihm nichts passiert!", | jammert Finn. | Da entdeckt Tine | einen Riss in der Drahttür. | Durch den muss Moppel entwischt sein! | „Lass uns im Garten | nach ihm suchen!", | schlägt sie vor. | Und richtig! | Finn findet Moppel im Gemüsebeet. | Er frisst eine Möhre. | Die Kinder lachen. | Typisch Moppel!

75 Wörter

Wörter mit ß und mit ss

→ Sowohl **ss** als auch **ß** werden **stimmlos** gesprochen. Du kannst aber leicht unterscheiden, wann ein Wort mit **ss** und wann es mit **ß** geschrieben wird: Ein **ss** kann nur nach einem kurzen Vokal (Selbstlaut) stehen. Das **ß** steht nur nach einem langen Vokal oder nach einem Doppellaut.

der Ku**ss**	na**ss**	wi**ss**en
der Spa**ß**	sü**ß**	wei**ß**

1 Kurzdiktat

Gestern aß ich | ein leckeres Essen.
Anne misst die Länge | mit einem Metermaß.
Suse beißt einen Bissen | von ihrem Brot ab.
Ich weiß es nicht | und ich will es auch | gar nicht wissen!

33 Wörter

! Diese Diktate solltest du erst üben, wenn **ss** und **ß** einzeln geübt wurden.

2 So ein Pechvogel!

Familie Klein sitzt beim Abendessen. | Als Kai nach dem Messer greift, | stößt er die Teekanne um. | Der Tee fließt über den Tisch | und auf seinen Schoß. | Zum Glück ist er nicht mehr heiß! | Aber alles ist nass! | Schnell springt er auf, | um einen Lappen zu holen. | Dabei reißt er den Stuhl um, | der polternd umfällt. | „Musst du immer | so ein Chaos anrichten?“, | stöhnt Kais Mutter. | „Pass doch besser auf!“ | Doch dann lächelt sie. | „So schlimm ist es ja auch nicht!“

80 Wörter

Die Nachsilben -ung, -heit, -keit, -schaft

Die Nachsilben **-ung**, **-heit**, **-keit** und **-schaft** kennzeichnen Nomen (Namenwörter). Wörter mit diesen Nachsilben werden großgeschrieben.

die Wohn**ung** die Wahr**heit** die Sauber**keit** die Feind**schaft**

1 Vaters Erzählung

Familie Richter fährt zu einer Burgenbesichtigung. | Im Auto belehrt Herr Richter seine Familie: | „Früher herrschte Feindschaft zwischen dem Burggrafen | und dem Fürsten aus der Nachbarschaft. | Aus Eitelkeit und Bosheit | wollte jedoch keiner einlenken. | Es kam zu einer Belagerung. | Der Fürst siegte | und übernahm die Herrschaft | über das Reich.“ | Da unterbricht ihn Frau Richter: | „Mussten wir an der Kreuzung | nicht abbiegen?“ | Herr Richter erschrickt: | „Ich muss wohl dem Weg | etwas mehr Aufmerksamkeit schenken!“

72 Wörter

2 Prinz Anne

Prinzessin Anne ärgert sich. | Alle reden immer nur | über die Schönheit einer Prinzessin. | Sie will viel lieber ein Prinz sein! | Alle würden ihre Tapferkeit | und Klugheit loben, | wenn sie böse Drachen erlegt. | Sie würde Freundschaft | mit den Zwergen schließen | und ihr Reich in alle Richtungen erkunden. | Auf ihrem Pferd würde sie | durch die Landschaft reiten | und für Gerechtigkeit | und Ordnung sorgen. | Deshalb will sie von jetzt an | auch Prinz Anne heißen.

71 Wörter

Die Nachsilben -in und -nis

→ Die Nachsilben **-in** und **-nis** kennzeichnen Nomen (Namenwörter). Die Nachsilbe **-in** drückt außerdem aus, dass jemand weiblich ist. Alle Wörter mit diesen Nachsilben werden großgeschrieben. In der Mehrzahl verändern sich die Nachsilben. Aus **-in** wird **-innen** und aus **-nis** wird **-nisse**.

die Lehrer**in** – die Lehrer**innen** das Ereig**nis** – die Ereig**nisse**

1 So viele Berufe!

Tina überlegt, | was sie später werden will: | Sie könnte Pilotin werden | oder Rennfahrerin. | Das wäre ein großes Wagnis. | Oder vielleicht Ärztin? | Sie findet auch Tänzerinnen toll, | aber die müssen ständig trainieren. | Im Zoo hat sie einmal zwei Tierpflegerinnen | bei der Arbeit gesehen. | Ob das ein Beruf für sie wäre? | Tina kommt zu keinem Ergebnis. | Aber jetzt ist sie ja | erst einmal Schülerin!

62 Wörter

! Setze alle Lernwörter in der Einzahl auch einmal in die Mehrzahl. So kannst du das Bilden der Mehrzahlformen üben.

2 Der Brief

Die Lehrerin zeigt der Klasse einen Brief. | Sie macht ein großes Geheimnis | aus dem Inhalt. | Dann liest sie ihn aber doch vor: | „Liebe Schülerinnen und Schüler der Klasse 3b, | hiermit erhaltet ihr die Ergebnisse | vom Wettkampf der jungen Forscherinnen und Forscher. | Ihr habt alle Hindernisse | beim Lösen der Aufgaben überwunden. | Eure Kenntnisse waren sehr gut. | Deshalb habt ihr den 1. Platz belegt.“ | Die Klasse jubelt. | Was für ein Ergebnis!

69 Wörter

Die Nachsilben -ig, -isch, -lich

→ Die Nachsilben **-ig**, **-isch** und **-lich** kennzeichnen Adjektive (Wiewörter). Wörter mit diesen Endungen schreibst du klein. Die Endungen klingen oft ähnlich. Wenn du dir unsicher bist, kannst du das Wort verlängern. Dann hörst du genau, welche Endung es hat.

lust**ig** – lust**iger**   kom**isch** – kom**ischer**   wunder**lich** – wunder**licher**

1 Kurzdiktat

Der Dieb freut sich diebisch. | Der Verräter benimmt sich verräterisch. | Beim Sport trägt der Sportler | sportliche Kleidung. | Der Angeber sagt angeberische Sachen. | Die Farbe hinterlässt farbige Spuren.

27 Wörter

2 Kurzdiktat

fröhlich | traurig | rundlich | geizig | eckig | komisch | sportlich | witzig | freundlich | unheimlich | tierisch | verschwenderisch

12 Wörter

3 Der Zirkusbesuch

Marie und Jan besuchen eine Zirkusvorstellung. | Den dummen Anton finden die Kinder lustig. | Bei der gefährlichen Löwennummer | halten sie den Atem an. | Als die mutige Frau | sich eine giftige Schlange um den Hals legt, | hält Marie sich ängstlich die Augen zu. | Die herrliche Seiltänzerin | findet sie aber großartig. | Jan fand die schwierigen Kunststücke | der Akrobaten am besten. | Am Ende sind sich beide einig: | Der Zirkus war unglaublich gut!

68 Wörter

Wortfamilien: lesen und denken

➔ Wörter aus einer **Wortfamilie** haben den gleichen Wortstamm. Deshalb werden sie meist gleich geschrieben. Der Stamm kann sich aber auch verändern.

lesen – der **Les**er – aber: sie **las**

denken – aber: der Ge**dank**e – das Ge**dächt**nis

1 Aus dem Leben einer Leseratte

Die Leseratte wohnt | im Lesesaal der Bücherei. | Meist versteckt sie sich | hinter den alten Büchern. | Viele davon sind kaum noch lesbar. | Die Schrift ist verblasst | und deshalb unleserlich geworden. | Jeden Tag beobachtet die Ratte | die Leserinnen und Leser. | Manche wollen nur schnell etwas nachlesen. | Andere machen es sich | mit ihrem Lesestoff gemütlich. | Am schönsten findet es die Leseratte, | wenn es eine Lesung gibt | und vorgelesen wird. | Denn dann erfährt sie endlich, | was in den Büchern steht.

76 Wörter

2 Die Denkmaschine

Moritz denkt nach. | Er bastelt gerade an einer Denkmaschine. | Das kleine Gerät passt in jedes Ohr. | Es löst blitzschnell | alle denkbaren Aufgaben. | Wenn ein Schüler in der Schule aufgerufen wird, | flüstert es ihm die Antwort vor. | Kein Lehrer wird es bemerken. | Alle Schüler werden ihn | als großen Denker feiern. | Auf dem Schulhof werden sie ihm | ein Denkmal bauen! | Doch etwas stimmt noch nicht | mit der Maschine. | Nachdenklich kratzt er sich am Kopf. | Davon wacht er auf. | Schade. | Das war ein guter Gedanke!

82 Wörter

Zusammengesetzte Nomen

→ Zwei Nomen (Namenwörter) kannst du oft zu einem Namenwort zusammensetzen. Das erste Wort bestimmt das zweite näher. **Zusammengesetzte Nomen** schreibst du groß.

der **Regen** + der **Wurm** = der **Regenwurm**

Manchmal kann bei einem zusammengesetzten Nomen (Namenwort) ein **s** zwischen den beiden Nomen stehen. Man nennt es **Fugen-s**.

der Schiff**s**motor der König**s**tiger

1 Der Geburtstag

Die Königstochter sitzt | in ihrem Arbeitszimmer | und schreibt Einladungskarten. | Am Sonntag hat sie Geburtstag | und sie will ihre Freunde | zu ihrer Geburtstagsfeier einladen. | Ihre Mutter hat bei der Bäckersfrau | schon eine Geburtstagstorte | und ihren Lieblingskuchen bestellt. | Außerdem plant sie eine Bootsfahrt | mit dem königlichen Schiff. | Ihr Vater hat auch | einen Überraschungsgast angekündigt. | Wer das wohl sein mag?

57 Wörter

2 Der geheimnisvolle Brief

Familie Moser sitzt am Frühstückstisch. | Da klingelt es an der Wohnungstür. | Es ist der Postbote. | In der Hand hält er einen Briefumschlag für Lisa. | „Hast du eine Brieffreundin?“, | fragt Frau Moser erstaunt. | „Das ist bestimmt ein Liebesbrief“, | brüllt Lisas Bruder. | Schnell reißt Lisa den Briefumschlag auf. | Es ist eine Glückwunschkarte | mit zwei Kinokarten darin. | Lisa strahlt. | Sie hat beim Zeitungsrätsel mitgemacht | und den ersten Preis gewonnen!

66 Wörter

Zusammengesetzte Adjektive

→ Adjektive (Wiewörter) können aus verschiedenen Wörtern zusammengesetzt sein.

Nomen + **Adjektiv**:	das Wasser + scheu = wasserscheu
Adjektiv + **Adjektiv**:	laut + stark = lautstark
Verb + **Adjektiv**:	laufen + faul = lauffaul

Zusammengesetzte Adjektive schreibst du klein.

1 Entweder ... oder?

Rabenschwarz oder blütenweiß, |
bitterkalt oder glühendheiß, |
sternenklar oder wolkenreich, |
knochenhart oder kuschelweich, |
federleicht oder tonnenschwer? |
Jetzt hör auf, ich kann nicht mehr!

22 Wörter

2 Der Geschichtenerzähler

Onkel Paul wohnt | in einem windschiefen Haus. | Wir besuchen ihn oft. | Wenn wir dann mäuschenstill | auf seinem feuerroten Sofa sitzen, | beginnt er zu erzählen: | von wunderschönen Prinzessinnen | und bitterbösen Raubrittern, | von todesmutigen Helden | und schießwütigen Piraten, | von bärenstarken Riesen | und geheimnisvollen Zauberern. | Manche Geschichten sind tieftraurig, | bei anderen lachen wir pausenlos. | Die Zeit bei Onkel Paul | geht immer blitzschnell um. | Oft ist es schon stockdunkel, | wenn wir nach Hause gehen!

70 Wörter

Wörter trennen

→ Zusammengesetzte Wörter und Wörter mit einer Vorsilbe kannst du in ihre Wortbausteine zerlegen.

das Fahr-rad tag-hell der Vor-fall

Wörter, die aus mehreren Silben bestehen, kannst du nach Sprechsilben trennen.

die Ta-schen-lam-pe der Kö-nigs-ti-ger

1 Kurzdiktat

der Wasch-bär | der Ver-dacht | das Rühr-ei | hell-blau | das Wurst-brot | die Uhr-zeit | stein-hart | die Vor-fahrt | das Baum-haus | die Spitz-maus

18 Wörter

2 Kurzdiktat

die Schau-kel | das Spie-gel-bild | der Zau-ber-stab | hun-de-mü-de | die Wun-der-tü-te | das Schna-bel-tier | der Höh-len-for-scher | das Erd-beer-eis

15 Wörter

3 Der wundersame Wald

Im ma-gi-schen Wald | le-ben selt-sa-me We-sen: | klei-ne Zwer-ge | mit lan-gen Na-sen, | gro-ße Rie-sen | mit ra-ben-schwar-zen Bär-ten, | schnee-wei-ße Ein-hör-ner | und zar-te El-fen | mit hell-grü-nen Flü-geln. | Auch bun-te Vö-gel | in den Far-ben des Re-gen-bo-gens | le-ben dort. | Doch wenn ein Mensch | in den Zau-ber-wald ge-rät, | ver-schwin-den die We-sen blitz-schnell. | Des-halb hat noch nie-mand | sie je-mals ge-se-hen. | Scha-de!

54 Wörter

Wörter mit doppelten Konsonanten trennen

→ Auch Wörter mit **doppelten Konsonanten** (Mitlauten) kannst du nach Sprechsilben trennen. Du trennst das Wort dann zwischen den beiden Konsonanten.

das Zi**m-m**er   dü**n-n**e   bru**m-m**en

1 Am Meer

Es ist Som-mer. | Familie Klein verbringt den Tag am Strand. | Sara und Jonas sam-meln Muscheln. | Sie bud-deln ein Loch | und kip-pen sie hinein. | Später wol-len sie | ein Muschelbild legen. | Die Zwil-linge | schwim-men im Was-ser. | Jetzt kom-men sie heraus | und ren-nen | vor Kälte zit-ternd | durch die Son-ne. | „Das waren klas-se Wel-len!“, | rufen sie. | Die Mut-ter liegt im Schat-ten. | „Sol-len wir gleich Würstchen gril-len?“, | will der Vater wis-sen. | Die Kinder jubeln. | Würstchen es-sen al-le gerne!

73 Wörter

2 Im Keller

Nora will Ten-nis spielen, | aber sie findet die Bäl-le nicht. | „In der Kiste im Kel-ler | müs-sen welche sein!“, | meint die Mut-ter. | Hinter einer Kan-ne | und einer Pap-pe | findet sie die Kis-te. | Daneben sitzt eine Spin-ne | mit dün-nen Beinen. | In ihrem Netz zap-pelt eine Fliege. | Nora schüt-telt sich. | Sie mag Spin-nen nicht. | Sie wühlt in der Kiste. | Da sind die Bäl-le ja! | Nora rennt die Trep-pe hoch. | Jetzt aber schnell!

69 Wörter

! Trenne alle Wörter mit doppelten Konsonanten. Aber Achtung! Manche lassen sich nicht trennen!

Wörter mit tz, pf und st trennen

→ Wörter mit **tz**, **pf** oder **st** in der Mitte trennst du so:

si**t**-**z**en sto**p**-**f**en die Ä**s**-**t**e

Bei zusammengesetzten Wörtern trennst du jedoch meistens nach Wortbausteinen:

plötz-lich das Töpf-chen köst-lich

1 Ein Wintertag

Es hat geschneit. | Die Äs-te der Bäume | sind voller Schnee. | Lars und Mia | schlüp-fen in ihre Winterausrüs-tung | und set-zen ihre Müt-zen auf. | Dann stap-fen sie | durch den Schnee zum Rodelberg. | Sie set-zen sich auf den Schlit-ten | und los geht die wüs-te Fahrt! | Unten klop-fen sich die beiden | den Schnee von den Jacken. | Lars jubelt: | „Das war spit-ze!“

57 Wörter

! Übe in den Diktaten nur das Trennen von **tz**, **pf** und **st**.

2 Der Piratenschatz

Am Himmel glit-zern nur wenige Sterne, | als ein Schiff an der Küs-te anlegt. | Die Piraten gehen an Land! | Die Männer sind | mit schweren Kis-ten beladen | und stap-fen durch den Sand. | Sie wollen ihre Schät-ze vergraben. | „Hier ist eine gute Stelle“, | flüs-tert einer. | Neben einem Baum | graben sie ein Loch, | stop-fen die Kis-ten hinein | und schütten es wieder zu. | Zum Schluss rit-zen sie | mit der Messerspit-ze | ein Zeichen in den Baumstamm. | Dann verschwin-den sie wieder | in der Dunkelheit.

77 Wörter

Wörter mit ck, ch und sch trennen

→ Wenn du Wörter mit **ck**, **ch** oder **sch** trennen willst, bleiben diese Buchstaben immer zusammen.

die So-**ck**e   die Wo-**ch**e   die Mu-**sch**el

1 Kurzdiktat

Die Mäd-chen ki-chern | und tu-scheln.

Die Wäch-ter bre-chen | in Geläch-ter aus.

Die Dra-chen | erwa-chen in der Nacht.

Die Wa-chen la-chen, | bis die Balken kra-chen.

24 Wörter

2 Kurzdiktat

Kannst du So-cken | aus di-cker Wolle stri-cken?

Ein Mü-cken-stich | kann schreck-lich ju-cken.

12 Wörter

3 Die Pilzsuche

! Übe hier nur das Trennen von **ck**, **ch** und **sch**.

Am Wo-chenende gehen Karl und sein Vater | in den Wald. | Sie su-chen nach Pilzen. | „Da hinten stehen ganz di-cke Pilze!“, | ruft Karl. | Sie bü-cken sich | und betrach-ten sie genauer. | Da sieht Karl zwei Schne-cken, | die auf den Pilzen ho-cken. | Vorsich-tig setzt er sie | unter die Sträu-cher. | Dann pflü-cken sie die Pilze | und ste-cken sie in ihre Ta-schen. | Nach ein paar Stunden | ma-chen sie sich auf den Heimweg. | Später werden sie die Pilze wa-schen | und eine le-ckere Pilzpfanne ko-chen.

78 Wörter

Aufforderungssatz und Ausrufesatz

→ **Aufforderungssätze** und **Ausrufesätze** enden immer mit einem **Ausrufezeichen**.

Pass auf! Vorsicht!

Igitt! Wie schön!

1 Punkt oder Ausrufezeichen?

Ich gehe in die Schule. | Geh mir aus dem Weg! | Laufen macht mir keinen Spaß. | Lauf schneller! | So ein Pech! | Sie haben Pech gehabt. | Autsch! | Anne hat sich gestoßen. | Peter ekelt sich vor Spinnen. | Wie eklig! | Mia geht raus. | Raus hier!

41 Wörter

2 Adam sitzt fest

Adam ist auf einen Baum geklettert. | Da ruft ihn seine Mutter: | „Komm sofort runter! | Wir essen jetzt!“ | „Bin schon unterwegs!“, | brüllt Adam zurück. | Doch so leicht ist das nicht. | Denn Adams Hose | hängt an einem Ast fest. | „Hilfe!“, |schreit er. | „Ich hänge fest!“ | Er zerrt am Hosenbein. | Er flucht laut: | „So ein Mist!“ | Da reißt der Stoff | und Adam ist frei. | Was für ein Glück! | Er klettert herunter. | Als die Mutter die Hose sieht, | schimpft sie: | „Pass doch besser auf!“

80 Wörter

! Alle Satzzeichen bis auf Punkt und Ausrufezeichen werden mitdiktiert.

→ **Fragesätze** enden immer mit einem **Fragezeichen**.

Was ist das**?**

Kommst du mit**?**

1 Flugzeugfragen

Milan ist zum ersten Mal | mit einem Flugzeug geflogen. | Jetzt hat er eine Menge Fragen: | Warum kann ein Flugzeug fliegen? | Wieso ist es | in großer Höhe so kalt? | Wie findet der Pilot den Weg? | Können auch Tiere mitfliegen? | Gibt es Flugzeuge, | die auf dem Wasser landen können? | Und kann er auch Pilot werden? | Seine Mutter seufzt. | Woher soll sie | das denn alles wissen? | Sein Vater lacht: | „Am besten kaufen wir | dir ein Flugzeugbuch."

73 Wörter

2 Ein Besuch im Zoo

Florian und Lisa sind Reporter | für eine Kinderzeitung. | Heute möchten sie ein Interview | mit dem Zoodirektor führen. | Sie haben sich | viele Fragen ausgedacht. | Wie viele Tiere leben im Zoo? | Hat der Direktor ein Lieblingstier? | Leben hier auch Tiere, | die nicht im Zoo geboren wurden? | Kennt er die Namen aller Tierarten? | Und wie wird man | überhaupt Zoodirektor? | Florian und Lisa freuen sich | schon sehr auf den Zoobesuch. | Ob sie dann auch mal | ein Tier streicheln können?

75 Wörter

Wörtliche Rede

→ In der **wörtlichen Rede** wird wiedergegeben, was jemand sagt oder denkt. Am Anfang und am Ende der wörtlichen Rede stehen Anführungszeichen und Schlusszeichen. Oft steht vor der wörtlichen Rede noch ein Begleitsatz. Er sagt aus, wer spricht oder wer sich etwas denkt. Der Begleitsatz endet mit einem Doppelpunkt.

Peter sagt**:** **„**Ich kann Hausaufgaben nicht leiden.**“**

Mia denkt sich**:** **„**Das ist ein schönes Buch.**“**

1

Vor der Schulstunde

Peter fragt: | „Wer kann mir ein Lineal leihen?“ | Suse schreit: | „Lass mich in Ruhe!“ | Lisa beschwert sich: | „Wir haben zu viele Hausaufgaben auf!“ | Max stöhnt: | „Ich habe das nicht verstanden.“ | Lara fragt: | „Ist Rosa krank?“

35 Wörter

2

Was machen wir?

Die Kinder überlegen, | was sie unternehmen können. | Suse schlägt vor: | „Lasst uns schwimmen gehen.“ | Aber Anton widerspricht: | „Ich habe keine Badehose mit.“ | Lena meint: | „Wir können Ball spielen.“ | Doch Theo nörgelt: | „Das machen wir fast jeden Tag.“ | Da sagt Lukas: | „Wir erkunden die alte Hütte im Wald.“ | Die Kinder rufen: | „Das ist eine super Idee!“ | Nur Theo fragt ängstlich: | „Ist das nicht gefährlich?“ | Aber da schreien alle zusamen: | „Überhaupt nicht!“

70 Wörter

! Alle Satzzeichen werden mitdiktiert. Nur die Doppelpunkte und die Anführungs- und Schlusszeichen werden ausgelassen.

FiT FÜR DIE SCHULE

Das kann ich!

Diktate

4. Klasse

TESSLOFF

Großschreibung von Nomen

→ **Nomen** (Namenwörter) bezeichnen Menschen, Tiere, Pflanzen und Dinge, aber auch Gefühle, Gedanken und Vorstellungen. Du schreibst sie immer groß. Nomen haben einen Artikel (Begleiter). Der Artikel muss nicht immer direkt vor dem Nomen stehen und manchmal kann er auch ganz fehlen. Fast alle Nomen können in der Einzahl und in der Mehrzahl stehen.

die **W**ahrheit   die ganze **W**ahrheit   in **W**ahrheit

1 Ein seltsamer Traum

Martin träumt: | Im Traum ist er Kapitän | auf einem Segelschiff. | Seine Mannschaft besteht | aus sprechenden Papageien und Affen. | Plötzlich zieht am Himmel | ein Sturm auf. | Mit aller Kraft bläst der Wind, | doch ohne Furcht steuert Martin das Schiff. | Da schreit ein Papagei: | „Land in Sicht!“ | Hinter dicken Nebelschwaden | taucht eine Insel auf. | In Rettungsbooten | gelangen sie an Land. | Plötzlich hört Martin eine Stimme: | „Steh auf, | du musst zur Schule!“ | Martin wacht auf. | Da ruft kein Inselbewohner, | sondern seine Mutter!

79 Wörter

2 Die Lüge

Suse stürmt voller Wut | aus der Schule. | Sie hat ihre Freundin | bei einer Lüge erwischt: | Maria war gestern Nachmittag | nicht beim Arzt, | sondern mit Luise im Kino! | Da kommen Maria und Luise angerannt. | „Suse, warte! | Es gibt keinen Grund, | beleidigt zu sein! | Wir haben doch nur eine Überraschung | für dich geplant!“ | Sie drücken der erstaunten Suse | drei Kinokarten in die Hand. | „Herzlichen Glückwunsch zum Geburtstag!“ | Suse schaut zerknirscht. | Dann müssen alle drei lachen. | Sie sind eben doch echte Freundinnen!

79 Wörter

Nominalisierung von Verben und Adjektiven

→ Manchmal werden **Verben** (Tunwörter) und **Adjektive** (Wiewörter) als Nomen (Namenwörter) gebraucht. Dann schreibst du sie groß. Oft haben sie auch einen Artikel (Begleiter), der mit einem Verhältniswort verbunden sein kann.

Das **Laufen** hat Spaß gemacht.

Beim **Klettern** bin ich abgerutscht.

Der **Lange** hat gewonnen.

Es gibt **Große** und **Kleine**.

1 Auf dem Sportplatz

Das Laufen um den Sportplatz | fanden alle langweilig. | Aber beim Springen und beim Werfen | hatten die Kinder viel Spaß. | Das Überqueren der Hindernisse auf einem Bein | war ganz schön schwierig. | Beim Klettern an der Kletterwand | haben alle mitgemacht. | Am besten war aber das Hüpfen | auf der Hochsprungmatte!

47 Wörter

2 Vor dem Affenhaus

Mira und Fred stehen vor dem Affengehege | und schauen den Tieren beim Spielen zu. | „Schau mal, | der Kleine! | Er übt gerade das Klettern!“, | ruft Mira. | „Erkennst du, | was der Dicke am Kopf | des Dünnen macht?“, | will Fred wissen. | Mira überlegt: | „Vielleicht hilft er ihm beim Entlausen?“ | Da kommt ein mächtiger Affe an die Scheibe | und baut sich vor Fred auf. | „Ui“, | sagt Fred beeindruckt. | „Der Große ist wohl der Chef hier. | Ob wir ihn beim Ausruhen gestört haben?“ | Mira lacht: | „Oder er kommt einfach nur zum Gucken hierher. | Für ihn stehen wir ja hinter der Scheibe!“

96 Wörter

Länder-, Städte- und Ortsnamen

→ **Länder-**, **Städte-** und **Ortsnamen** sind Nomen (Namenwörter) und werden großgeschrieben.

Norweger Berlin Oberstaufen

Auch wenn an diese Nomen **-er** angehängt wird, werden sie großgeschrieben.

der Köln**er** Dom die Mailänd**er** Oper

Länder-, Städte- und Ortsnamen mit der Endung **-isch** schreibst du meist klein.

die röm**isch**e Geschichte die italien**isch**e Pizzeria

1 Unterwegs

Mira und Mark haben mit ihren Eltern | schon viele Sehenswürdigkeiten in Deutschland besucht. | In Berlin sind sie | durch das Brandenburger Tor gelaufen. | Mit einem Schiff haben sie | den Hamburger Hafen erkundet. | Sie waren schon in der Dresdner Frauenkirche | und im Ulmer Münster. | Auch auf den Turm des Kölner Doms | sind sie schon geklettert! | In den nächsten Ferien | fahren sie zum Würzburger Schloss. | Darauf freuen sie sich schon sehr!

68 Wörter

2 Auf dem Großmarkt

Tina geht mit ihrer Tante über den Markt. | Dort kann man Waren aus aller Welt kaufen! | An einem Stand gibt es französischen Käse, | an einem anderen werden holländische Tulpen verkauft. | In großen Körben werden ungarische Salami | und saftige italienische Schinken angeboten. | Auch feine Schweizer Schokolade gibt es hier. | Tina bleibt vor der Auslage | mit den belgischen Waffeln stehen. | „Möchtest du eine haben?“, | fragt die Tante sie. | „Aber klar!“, sagt Tina.

70 Wörter

Tageszeiten

→ **Tageszeiten** können mit Nomen (Namenwörtern) bezeichnet werden. Du schreibst sie dann groß.

der **M**ittag   am **A**bend   um **M**itternacht

Auch wenn Tageszeiten nach Wörtern wie **gestern**, **heute** oder **morgen** stehen, schreibst du sie groß.

gestern **M**orgen   heute **A**bend   morgen **M**ittag

Werden die Tageszeiten als **Adverbien** (Umstandswörter) gebraucht, schreibst du sie klein. Du erkennst sie leicht an der Endung **-s**.

morgen**s**   mittag**s**   abend**s**

1 Kurzdiktat

Meine Mutter weckt mich jeden Morgen, | damit ich nicht verschlafe.

Heute Nachmittag bin ich mit meinen Freunden verabredet.

Die Sonne geht morgens im Osten auf | und abends im Westen unter.

30 Wörter

2 Post aus dem Ferienlager

Liebe Familie, |

im Ferienlager ist es super! | Wir gehen schon morgens vor dem Frühstück | im See schwimmen. | Gestern Morgen haben wir | bis zum Mittag an einer Baumhütte gebaut. | Am Nachmittag sind wir | zu einem mächtigen Wasserfall gewandert. | Als wir abends wieder am Zeltplatz waren, | haben wir ein riesiges Lagerfeuer angezündet. | Heute Nachmittag wollen wir | die Baumhütte fertig bauen, | denn morgen Abend | wird sie endlich eingeweiht. |

Viele Grüße! Ruben

68 Wörter

Vertrauliche und höfliche Anrede im Brief

→ Für Personen, die du gut kennst, verwendest du die vertrauliche Anrede **du** und **ihr** sowie die entsprechenden Formen **dich**, **dir**, **deine**, **euch**, **eure** … . In der Regel werden diese Pronomen (Fürwörter) kleingeschrieben. In Briefen und E-Mails kannst du sie klein- oder großschreiben. Du musst dich dann aber für eine einheitliche Schreibweise entscheiden.
Bei der höflichen Anrede benutzt du die Pronomen **Sie**, **Ihnen**, **Ihr**, **Ihre** oder **Ihren**. Diese Pronomen werden immer großgeschrieben.

1 E-Mail an Peter

Lieber Peter, |

ich freue mich schon sehr, | wenn du/Du und deine/Deine Schwester zu uns kommt! | Ihr dürft auf keinen Fall | eure/Eure Badesachen vergessen. | Und bringst du/Du auch dein/Dein Taschenmesser mit? | Wir brauchen nämlich deine/Deine Hilfe beim Hüttenbau! | Schreibst du/Du mir noch, | wann ihr/Ihr am Bahnhof ankommt? | Wir holen euch/Euch dann mit dem Auto ab. |

Dein Thilo

56 Wörter

2 Ein Brief an den Zoodirektor

Sehr geehrter Herr Zoodirektor Berger, |

gestern waren wir mit der Klasse in Ihrem Zoo. | Ihre Tiere haben uns sehr gut gefallen! | Nun haben wir aber noch einige Fragen | und schreiben Ihnen deshalb diesen Brief. | Können Sie uns vielleicht sagen, | warum das Trampeltier zwei Höcker hat? | Und wissen Sie, | warum Pinguine nicht fliegen können? |
Über eine Antwort von Ihnen | würden wir uns sehr freuen! |

Ihre Klasse 4d

66 Wörter

Wörter mit Ä/ä

→ Die Laute (ä) und (e) klingen oft sehr ähnlich. Die meisten Wörter mit **Ä/ä** sind mit einem Wort mit **A/a** verwandt. Suche deshalb nach anderen Wörtern in der Wortfamilie.

j**a**gen – der J**ä**ger   k**a**lt – die K**ä**lte   die K**a**rte – das K**ä**rtchen

Einige Wörter mit **Ä/ä** haben keinen Verwandten mit **A/a**. Diese Wörter musst du lernen.

der B**ä**r   das M**ä**dchen

1 Zwei Überfälle in Wiesenheim

Wiesenheim, 27. Juni: | Gestern ereigneten sich | zwei merkwürdige Überfälle | in der Innenstadt. | Zuerst überfielen | zwei maskierte Männer | den Kiosk am Rathausplatz, | danach wurde der Spielzeugladen | im Goldgässchen überfallen. | Die Täter rannten in die Läden | und bedrohten die verängstigten Angestellten | mit einer gefährlichen Waffe. | Die Männer erbeuteten | mehrere Kilo Schokolade | und zwei Säcke mit Spielsachen. | Wer der Polizei Hinweise geben kann, | die zur Ergreifung der Täter führen, | erhält eine Belohnung.

69 Wörter

2 Bärentheater

Als das Bärenmädchen Rosa | gähnend und träge aus der Höhle kriecht, | dämmert es bereits. | „Das ist ja ärgerlich!“, | brummt es und stapft schnell los. | Heute ist nämlich großes Bärentheater | am alten Sägewerk | und sie will auf keinen Fall zu spät kommen! | Während Rosa und ihre Freundin | auf den Beginn des Stücks warten, | erzählen sie sich noch schnell | den neuesten Bärenklatsch. | Dann hebt sich auch schon der Vorhang.

67 Wörter

Wörter mit Äu/äu und mit Eu/eu

→ Ob ein Wort mit **Äu/äu** oder mit **Eu/eu** geschrieben wird, kannst du herausfinden, indem du nach verwandten Wörtern mit **Au/au** suchst.

der B**au**m – die B**äu**me   s**au**er – s**äu**erlich

Wörter mit **Eu/eu** musst du dir merken.

die L**eu**te   n**eu**lich

1 So ein Mist!

Im Schutz der Bäume | klettert der Räuber | über das Gemäuer. | Er will in die alte Villa | des Bürgermeisters einbrechen. | Schnell umrundet er das Gebäude, | läuft durch den Kräutergarten | und erreicht endlich | die bräunlich gestrichene Kellertür. | Der Räuber hat alles genau geplant! | Er wird still wie ein Mäuschen | in die oberen Räume huschen, | den Schmuck einpacken | und wieder verschwinden. | Aber was ist das? | Erschrocken durchwühlt der Räuber seinen Rucksack. | Er hat seine Taschenlampe vergessen! | Vor Wut schäumend | tritt er den Rückweg an. | So etwas ist ihm | in seinen schlimmsten Träumen | noch nicht passiert!

92 Wörter

2 Nachts im Wald

Die Kirchturmuhr schlägt neun Uhr | und am Himmel leuchtet schon der Mond. | Jetzt werden viele Tiere | erst richtig munter! | Neugierig steckt ein Igel | den Kopf aus seinem Versteck. | Scheue Rehe und Hirsche streifen | im Schutz der Dunkelheit | durch den Wald. | Kleine Nagetiere wuseln | durch das feuchte Unterholz | und eine Eule macht sich auf | zur Beutejagd. | Erst wenn der neue Tag anbricht, | kehren die Nachtschwärmer zum Schlafen | in ihre Verstecke zurück.

70 Wörter

b oder p, d oder t, g oder k

→ Am Wort- oder Silbenende klingt **b** oft wie **p**, **d** wie **t** und **g** klingt wie **k**. Du kannst die richtige Schreibweise meist herausfinden, indem du das Wort verlängerst oder nach einem verwandten Wort suchst.

der Stau**b** – stau**b**ig   run**d** – die Run**d**e   der We**g** – die We**g**e

1 Kurzdiktat: b oder p?

Gib auf! | Bist du taub? | Hab keine Angst! | Sei lieb! | Bleib hier! | Glaubst du mir? | Warum hupst du? | Überall ist Staub! | Achtung, der Farbeimer!

24 Wörter

2 Der zerstreute Zauberer (b oder p?)

Der Zauberer bebt vor Zorn. | Plump stapft er | durch das Gras im Garten | und brüllt: | „Rosalinde! | Irgendein Lump | hat meinen Zauberstab geraubt!“ | Eine Maus fiept erschrocken | und macht sich aus dem Staub. | Wenn der Zauberer tobt, | ist mit ihm nicht zu spaßen! | „Nicht so laut! | Ich bin doch nicht taub!“, | ruft Rosalinde | und kommt aus dem Haus. | Sie greift in den Pilzkorb | und zieht den Zauberstab hervor. | „Deine Zerstreutheit | bringt mich noch ins Grab!“, | schnaubt sie. | Dann reibt sie den Dreck vom Stab | und gibt ihn dem Zauberer zurück. | Der seufzt erleichtert. | Da ist er ja, | sein geliebter Zauberstab!

99 Wörter

3 Kurzdiktat: d oder t?

bunt und rund | das Schwert und der Herd | das Bad und der Rat | der Held und die Welt | der Wald und kalt | das Wort und der Mord | die Tat und das Rad

32 Wörter

b oder p, d oder t, g oder k

4 Die Wildschweine (d oder t?)

Wildschweine haben ihre Heimat | in ganz Europa | und kommen auch | in Nordafrika | vor. | In Deutschland sind sie | in vielen Regionen weit verbreitet. | Hier leben sie häufig in einem Waldgebiet. | Die Tiere haben ein braunes Borstenfell. | Die Männchen erkennst du leicht | an ihren langen Zähnen, | die rechts und links | aus dem Maul ragen. | Wildschweine können schnell und ausdauernd rennen | und gut schwimmen. | Im Zoo können sie | über 20 Jahre alt werden. | In der Wildnis werden sie normalerweise | nicht älter als 4 bis 12 Jahre. | Das Kind eines Wildschweins | nennt man Frischling. | Von Geburt an hat es ein Fell | mit braunen und weißen Streifen.

102 Wörter

5 Im Bergwerk (g oder k?)

Am Sonntag macht Luis | mit seinen Eltern einen Ausflug | zu einem Kohlebergwerk. | Bevor die Führung beginnt, | setzt jeder Teilnehmer einen Schutzhelm auf | und legt Schutzkleidung an. | Dann fahren sie mit dem Aufzug | hinab in die Tiefe. | Durch einen dunklen Gang | geht es in das Innere des Berges. | Unten ist es warm und stickig. | „Früher schlugen hier die Bergleute | mit ihrem Werkzeug | die Steine aus dem Felsen. | Die Arbeit war sehr mühselig. | Heute wird das Gestein gesprengt | und mit speziellen Maschinen | nach oben befördert“, | sagt der Führer. | Am Ausgang bekommt Luis | einen Stein geschenkt. | Er bedankt sich begeistert: | „Der Weg durch die Schächte | war richtig abenteuerlich!“

105 Wörter

Wörter mit V/v, das wie f klingt

→ Wörter mit (f)-Laut werden meistens mit **F/f** geschrieben. Manche Wörter werden aber mit **V/v** geschrieben. Die Vorsilben **Ver-/ver-** und **Vor-/vor-** werden immer mit **V/v** geschrieben. Die anderen Wörter mit **V/v** musst du dir merken.

verlaufen　　die **V**orstellung　　der **V**ater

1 Kurzdiktat

Die Blumenverkäuferin | verkauft Veilchen.

Das Vieh verbringt | den Tag auf der Weide.

Der Sohn des Bruders meines Vaters | ist mein Vetter.

Der Vollmond | ist hinter vielen Wolken verborgen.

Volker hat vier Meter Vorsprung | vor Leoni!

35 Wörter

2 Wer war das?

Ulli und Kai sind verärgert. | Jemand ist in ihrem Versteck gewesen! | Jetzt ist ihr ganzer Schokoladenvorrat verschwunden! | Nur die Verpackung | liegt auf dem Boden verstreut. | Die Jungen verdächtigen | Kais Vetter Julius. | Vermutlich hat er | alles alleine verspeist! | Um viertel vor vier | gehen die Jungen noch einmal | an ihrem Versteck vorbei. | Da hören sie ein verräterisches Geräusch. | Vorsichtig gehen sie hinein. | Vielleicht können sie den Verbrecher stellen? | Aber was ist das? | Da sitzt ein Vogel | mit der glitzernden Verpackung | im Schnabel! | Der Verbrecher war nicht Julius, | sondern eine diebische Elster!

89 Wörter

Wörter mit V/v, das wie w klingt

➔ Manchmal wird **V/v** in einem Wort auch wie w ausgesprochen.
Diese Wörter musst du dir merken.

die **V**ase   der **V**ampir   **v**egetarisch

1 Kurzdiktat

die Villa | der Vokal | der Vulkan | das Vanilleeis | das Verb | das Vitamin | die Vokabel | die Blumenvase | die Vene | violett | der Virus | die Violine | der Vegetarier

25 Wörter

2 Der einsame Vampir

Der Vampir lebt in einer Villa | am Rande des Vulkans. | Jeden Abend setzt er sich ans Klavier | und spielt traurige Lieder. | Er hätte gerne mehr Gesellschaft. | Aber niemand traut sich, | durch das Lavagestein zu ihm zu kommen. | Und wenn er in seinem violetten Umhang | hinunter ins Städtchen geht, | rennen die Leute weg. | Sie haben Angst, | dass er ihnen in den Hals beißt | und das Blut aus ihren Venen saugt. | Dabei ist er doch Vegetarier | und isst am liebsten Gemüse | und vitaminreiches Obst! | Nur die kleine Hexe kommt manchmal | mit ihrer Violine zu ihm. | Dann spielen sie ein Lied | und essen Vanilleeis. | Der Vampir freut sich schon | auf ihren nächsten Besuch!

110 Wörter

Wörter mit dem ks-Laut

→ Der (ks)-Laut ist ein schwieriger Laut, denn er kann auf verschiedene Weise geschrieben werden: mit **chs**, mit **x**, mit **cks**, mit **ks** und mit **gs**.

der Fu**chs** die He**x**e der Kle**cks** der Ke**ks** monta**gs**

Manchmal kann es helfen, wenn du dir andere Formen oder Wörter der Wortfamilie anschaust.

der Kle**cks** – kle**ck**ern du entde**cks**t – entde**ck**en

1 Kurzdiktat: chs

der Dachsbau | der Fuchsschwanz | der Erwachsene | die Radachse | sechs | das Gewächs | der Ochsenkarren | das Wachstum | der Wachsfleck

17 Wörter

! Übe die Diktate mit dem (ks)-Laut nicht zu kurz hintereinander!

2 Quatschdiktat

Der Luchs und der Fuchs | warten an der Eiche | auf die Eidechse. | Sie haben sich für sechs Uhr verabredet. | Jetzt ist es sechzehn nach sechs | und von der Eidechse fehlt jede Spur. | „Wo bleibt sie nur?“, | grummelt der Luchs. | Der Fuchs zuckt nur | mit den Achseln. | Die Eidechse ist eben nie pünktlich. | Da kommt sie atemlos | um die Ecke gedüst. | „Na endlich, | es wird höchste Zeit!“, | schnaubt der Luchs. | „Das nächste Mal | warten wir nicht mehr!“ | „Entschuldigung!“, | japst die Echse. | „Aber ich habe die Eiche | mit der Fichte verwechselt!“ | Der Fuchs und der Luchs | schauen sich an. | Dieser Frechdachs hat immer eine Ausrede!

103 Wörter

Wörter mit dem ks-Laut

3 Die Zaubertrankexpertin

Rosi ist Expertin | für Zaubermixgetränke aller Art. | In ihrem Hexenkessel | mixt sie Liebestränke, | Säfte, die extrem schlau machen, | oder heilsame Medizin zusammen. | In ihrer Hexenküche | macht sie auch viele Experimente. | Als sie letzte Woche | eine Unsichtbarmixtur herstellen wollte, | ist ihr glatt der ganze Kessel explodiert. | Zum Glück ist niemandem | etwas passiert. | Nur ihrem Raben | ist eine Feder verkohlt. | Doch von dem Schreck | hat er sich zum Glück fix erholt.

69 Wörter

4 Kurzdiktat: cks

Wo steckst du? | Weckst du mich? | Das Kleid hat bunte Farbkleckse. | Du erschreckst dich aber schnell! | Der Mann lacht glucksend. | So ein Unglücksrabe!

23 Wörter

5 Kurzdiktat: ks

Marlene liebt Schokoladenkekse. | Der Storch stakst über die Wiese. | Müssen wir hier links abbiegen? | Trinkst du gerne Limonade? | Du winkst mir zu.

22 Wörter

6 Kurzdiktat: gs

Magst du Pizza? | Dienstags hat Anna Klavierunterricht. | Du verlegst immer alles! | Worüber regst du dich auf? | Wagst du es? | Wie viel wiegst du?

23 Wörter

Wörter mit Dehnungs-h

→ Auf einen lang gesprochenen Vokal (Selbstlaut) oder Umlaut folgt oft ein **h**. Es wird **Dehnungs-h** genannt. Das Dehnungs-h steht nur vor **l**, **m**, **n** und **r**. Du kannst es nicht hören. Wörter mit einem Dehnungs-h musst du dir merken.

die **Woh**nung   w**äh**len   l**ah**m

1 Kurzdiktat

zahm, lahm | der Hahn, der Zahn | fühlen, kühlen | rühren, führen | wehren, kehren | die Zahl, die Wahl | die Kohlen, das Fohlen | das Ohr, das Rohr | mehlig, kehlig | dehnen, sehnen | kahl, der Stahl

31 Wörter

2 Ein langweiliger Ferientag

Tobi sitzt im Wohnzimmersessel | und gähnt gelangweilt. | Sein Freund Anton kehrt erst nächste Woche | aus dem Winterurlaub zurück | und Anna ist heute beim Zahnarzt. | Tobi wählt Franks Telefonnummer. | Vielleicht kann er | mit ihm etwas unternehmen? | Aber niemand nimmt ab. | „Ohne Freunde sind Ferien blöd“, | stöhnt er, | als seine Mutter hereinkommt. | „Fahr doch zur Eisbahn“, | schlägt sie vor. | Lustlos macht Tobi sich auf den Weg. | Auf der Eisbahn | sind ungewöhnlich viele Menschen unterwegs. | Da winkt ihm ein Junge zu. | Es ist Frank! | Er ruft: | „Hallo, Tobi! | Ich dachte schon, | du bist in Urlaub gefahren | und es kommt heute niemand mehr!“ | Tobi strahlt. | Mit Frank ist es immer sehr lustig!

! Es gibt nur ganz wenige Wörter mit **ih**. Du kannst sie dir leicht merken: ihm, ihn, ihnen, ihr und ihre.

108 Wörter

ie und langes i ohne Kennzeichnung

→ Die meisten Wörter mit lang gesprochenem **i** werden mit **ie** geschrieben.

das Sp**ie**l   z**ie**len   das T**ie**r

Nur wenige Wörter haben ein lang gesprochenes **i** ohne Kennzeichnung.

der **I**gel   die Ros**i**ne   die Mus**i**k

1 Kurzdiktat

der Igel | die Maschine | die Lawine | der Biber | der Tiger | wir | mir | dir | der Liter | das Kino | die Apfelsine | die Sardine | die Mandarine

23 Wörter

2 Eine abenteuerliche Begegnung

Nele und Anna liegen auf einer Wiese. | Plötzlich springt Anna | laut quietschend auf. | Ein fieses Tier | ist über ihr Knie gekrabbelt! | Nele schaut sich | das Tierchen genauer an, | das sich auf einem Stein | niedergelassen hat. | Es ist ein Nashornkäfer! | Auch Anna kommt jetzt neugierig näher. | „Schau mal, | das riesige Horn! | Und wie schön sein Panzer glänzt!“ | Da breitet der Käfer seine Flügel aus | und fliegt davon. | Begeistert schauen die beiden sich um. | Vielleicht finden sie ja | noch so einen schönen Wiesenbewohner?

81 Wörter

> **!** Es gibt nur wenige Wörter mit **ieh**.

3 Kurzdiktat

Der Bösewicht stiehlt. | Das Vieh grast. | Das Pferd wiehert. | Der Kaiser befiehlt. | Die Mutter sieht. | Ole zieht ein Los. | Der Dieb flieht.

22 Wörter

Wörter mit doppeltem Konsonanten

→ Auf einen kurzen Vokal (Selbstlaut) oder Umlaut folgen meist doppelte Konsonanten (Mitlaute):

die We**tt**e schwi**mm**en vo**ll**

1 Geisterstunde

Hörst du das Wimmern? | Die flüsternden Stimmen? | Das knarrende Holz und die rasselnden Ketten? | Ein Donnerschlag ertönt. | Es ist Geisterstunde im Schloss! | Lautlos flattern die Fledermäuse. | Eine Spinne lässt sich | an ihrem Faden herab. | Eine fette Ratte huscht | über die Kellertreppe. | Die Tür springt auf | und da kommt der blasse Schlossherr! | Seine Stimme lässt alle erzittern. | Doch keine Angst! | Wenn die Turmuhr einmal schlägt, | ist alles vorbei | und der Graf verliert seine Macht!

73 Wörter

2 Der Fußballfreund

Roland und Jens spielen im Garten Fußball. | Jens tritt gegen den Ball, | um den Ausgleichstreffer zu erzielen. | Doch der Ball schwirrt über das Tor | und fliegt über den Lattenzaun. | „Das ist dumm!“, | murrt Roland. | „Unser blöder Nachbar mag keine Kinder. | Den Ball bekommen wir | bestimmt nicht wieder!“ | „Was soll der mir denn schon tun?“, | antwortet Jens | und klettert entschlossen | über den Zaun. | Dahinter steht ein mürrischer alter Mann. | Vor ihm liegt der Ball. | Als er den Jungen sieht, | dribbelt der Alte auf ihn zu, | stoppt kurz vor ihm ab | und passt ihm flink den Ball zu. | Jens bedankt sich lachend | und klettert zurück. | „Von wegen blöder Nachbar! | Der ist ein Fußballfreund!“

111 Wörter

Wörter mit ck und mit tz

→ Normalerweise werden die Konsonanten (Mitlaute) **k** und **z** nicht verdoppelt. Meist folgen dann auf einen kurzen Vokal (Selbstlaut) oder Umlaut die Konsonanten **ck** oder **tz**.

die Mü**ck**e   we**ck**en   die Mü**tz**e   si**tz**en

1 Schneckentempo

Die kleine Schnecke | kriecht an der Hecke entlang.

Mücken rücken immer | in dicken Schwärmen an.

Das Stück Kuchen schmeckt | mit gezuckerter Sahne besonders lecker!

24 Wörter

2 Katzenwäsche

Die Katzen schmatzen | und putzen sich dann | mit ihren Tatzen.

Erzähl keine Witze, | sondern mach dich besser nützlich!

Lea ist in eine schmutzige Pfütze gehüpft | und das Wasser ist hochgespritzt.

30 Wörter

3 Die Schlittenfahrt

Maria und Paul hocken vor dem Fenster. | Dicke Schneeflocken tanzen durch die Luft | und der Garten ist von einer Schneedecke bedeckt. | Da wetzt Leo mit seinem Schlitten um die Ecke | und winkt den beiden zu. | Schnell springen sie auf. | Sie ziehen ihre dicken Socken | und Winterjacken über, | stecken Mützen und Handschuhe ein | und laufen hinaus. | Am Rodelberg setzen die drei sich | auf ihre Schlitten. | „Wer zuletzt unten ist, | hat verloren!“, | ruft Maria und rodelt los. | Nach der ersten Kurve legt sie | noch einen Zacken zu | und flitzt mit wehenden Locken | den Hang hinab. | „Das war spitze!“, | jubelt sie unten.

99 Wörter

Wörter mit zwei oder mehr Konsonanten

→ Nach einem kurzen Vokal (Selbstlaut) oder Umlaut können zwei oder mehrere Konsonanten (Mitlaute) folgen. Es können unterschiedliche oder gleiche Konsonanten sein.

der Scha**ll** die Kü**st**e der Schre**ck** das Fe**nst**er

1 Der furchtsame Riese

Der Riese hat ein Problem: | Er ist kein fürchterlicher, | sondern ein furchtsamer Riese! | Er hat Angst vor Spinnen, | Wespen und Schmetterlingen. | Im Dunkeln fürchtet er sich | vor Gespenstern und Monstern. | Eines Tages sitzt er | auf der Bank vor seiner Höhle. | „Hallo!“, | hört er eine helle Stimme | neben seinem Ohr flüstern. | Erschrocken schaut der Riese sich um. | Aber zum Glück ist es nur sein Freund, | die Ratte, | die auf das Fensterbrett geklettert ist. | Der Riese seufzt. | Es ist nicht leicht, | ein schreckhafter Riese zu sein!

84 Wörter

2 Das Grillfest

Die Klasse 4b veranstaltet ein Sommerfest, | zu dem auch alle Geschwister und Eltern kommen. | Vom Geld aus der Klassenkasse | haben die Schülerinnen und Schüler | Grillwürstchen und Getränke gekauft. | Die Mütter bringen in großen Schüsseln Salate mit. | Pünktlich um drei beginnt das Fest. | Der Klassenlehrer legt flotte Musik auf. | Am Grill wendet ein Mann | die knusprigen Würstchen. | Alle mampfen mit vollen Backen. | Dann beginnt das Unterhaltungsprogramm. | Zuerst führt die Klasse ein Tanzstück auf, | dann werden Spiele gespielt: | Sackhüpfen, | Entenrennen, | Stelzenstaffel | und sogar eine spannende Schnitzeljagd gibt es! | Abends sind alle müde, | aber glücklich. | Das war ein tolles Fest!

97 Wörter

Wörter mit s

→ Der s-Laut kann **stimmhaft** wie in **S**ocke oder **stimmlos** wie in Lau**s** klingen. Am Wortende klingt der s-Laut immer stimmlos. Hörst du nach dem Verlängern des Wortes ein stimmhaftes **s**, wird es mit **s** geschrieben.

die Gan**s** – Gän**s**e   er lie**s**t – le**s**en

1 Kurzdiktat

Die Hausmaus verspeist ein Stück Käse.

Die Laus lauert im hohen Gras.

Der Zug, | mit dem Tom verreist, | fährt an Gleis 4 ab.

Der alte Greis liest kluge Bücher | und kennt viele Weisheiten.

Klaus hat nur ein Los gekauft | und den Hauptpreis gewonnen!

43 Wörter

2 Das Haus im Wald

Moritz und Ben | machen eine Radtour. | Plötzlich bremst Moritz ab | und weist auf ein windschiefes Häuschen | im Wald. | Die Haustür hat sich | aus den Angeln gelöst, | überall liegen Glasscherben | und die Wände sind voller Moos. | Ein schmaler Kiesweg führt dahin. | Die Jungen lehnen ihre Räder | an einen Felsen | und betreten furchtlos das Haus. | „Wie fies das hier riecht! | Wer hier wohl gehaust hat?“, | fragt Moritz. | Dann hören sie ein Geräusch. | Die Jungen erstarren. | Da ist jemand! | Plötzlich saust eine Maus über den Boden, | umkreist den Tisch | und rast zurück in ihr Versteck. | Die beiden Jungen lachen erleichtert. | Vor diesem Hausbewohner | haben sie keine Angst!

104 Wörter

→ Ist der (s)-Laut nach einem langen Vokal (Selbstlaut), Umlaut oder einem Doppellaut stimmlos, schreibst du meist ein **ß**. Steht der (s)-Laut am Wortende, hilft es oft das Wort zu verlängern, um die richtige Schreibweise herauszufinden.

gefrä**ß**ig heі**ß** – hei**ß**er

1 Die Botschaft

Draußen ist es heiß. | Luise sitzt am Ufer | und hält ihre Füße in den fließenden Bach. | Stefan und Ole haben aus Holz | ein kleines Floß gebaut. | Jetzt schreiben die drei Kinder einen Brief: | Lieber Finder, | bitte gib uns Bescheid, | wo du unser Floß gefunden hast. | Viele Grüße, | Luise, Stefan und Ole. | Dann schreiben sie Oles Anschrift darunter. | Anschließend schieben sie den Brief | in ein verschließbares Gefäß | und binden es ans Floß. | Ole setzt es in die Bachmitte | und stößt es an. | Sofort tragen die Wellen es mit sich fort. | Wie weit es wohl kommt?

94 Wörter

2 Das Fundstück

Merle und Jens haben Fußball gespielt. | Jetzt sitzen sie schweißgebadet am Bachufer. | Da stößt Merle | Jens an. | „Was schwimmt denn da?“ | „Das ist ein Floß!“, | ruft Jens | und fischt es aus dem Bach. | „Und da ist ja auch ein Brief!“ | Die Kinder machen große Augen. | Schnell reißen sie den Gefäßdeckel ab | und entziffern die Botschaft. | Sie beschließen, | sofort eine Antwort zu schreiben: | Liebe Floßbauer, | wir heißen Merle und Jens | und haben das Floß | in Blumendorf gefunden. | Das ist etwa dreißig Minuten von euch entfernt. | Schreibt uns doch bald mal wieder! | Viele Grüße von Merle und Jens.

96 Wörter

Wörter mit ss

→ Wenn auf einen kurzen Vokal (Selbstlaut) oder Umlaut ein stimmloser (s)-Laut folgt, schreibst du in der Regel **ss**.

der Ri**ss** wi**ss**en die Ta**ss**e der Rü**ss**el

1 Kurzdiktat

Ich werde dich vermissen! | Woher willst du das wissen? | Ich werde es nicht vergessen. | Ich muss endlich etwas essen. | Wessen Schlüssel ist das? | Gibst du mir den Wasserkessel? | Setz dich doch in den Sessel. | Das hat gesessen! | Der Elefant frisst ja mit dem Rüssel!

44 Wörter

2 So ein Pech!

Heute ist Luisas Pechtag. | Sie hat die Bahn verpasst | und ist zu spät zu einer Klassenarbeit gekommen. | Ihre Wasserflasche ist ausgelaufen, | sie hat ihr Sportzeug vergessen | und dann ist ihr auch noch | ein Schnürsenkel gerissen! | Am liebsten würde sie sich | unter einem Kissen vergraben und warten, | bis der Tag vorbei ist. | „Muss das denn immer mir passieren?“, | will sie seufzend von ihrer Freundin Anna wissen. | „Lass dich nicht hängen“, | meint Anna | und schenkt ihr zum Trost eine Waffel. | Luisa isst einen Bissen | von der Waffel, | dann lächelt sie. | Jetzt kann der Tag wirklich | nur noch besser werden!

97 Wörter

Wörter mit s, mit ss und mit ß

→ Sowohl **ss** als auch **ß** werden **stimmlos** gesprochen. Du kannst die Schreibweise eines Wortes aber leicht herausfinden: Ein **ss** steht immer nur nach einem kurzen Vokal (Selbstlaut), **ß** steht nur nach einem langen Vokal oder nach einem Doppellaut.

das Gewi**ss**en　　la**ss**en　　die Stra**ß**e　　bei**ß**en

Am Wortende hörst du immer ein stimmloses **s**. Um die richtige Schreibweise herauszufinden, musst du das Wort verlängern.

das Hau**s** – die Häu**s**er　　der Strau**ß** – die Sträu**ß**e　　er mu**ss** – mü**ss**en

1 Kurzdiktat

ich weiß, wir wissen | der Riss, reißen | sprießen, der Spross | er ließ, sie lässt | der Biss, beißen | schließen, das Schloss | das Maß, messen

23 Wörter

2 Die Hunderetter

Fabian und sein Großvater | hören ein heiseres Winseln. | Es kommt von der anderen Straßenseite. | Dort liegt ein kleiner Hund im Gras! | Aus seinem Fell fließt etwas Blut. | „Wir müssen ihn zum Tierarzt bringen!“, | ruft der Großvater. | Fabian rast ins Haus | und holt Großvaters Autoschlüssel. | In der Praxis wickelt der Arzt | einen weißen Verband um die Wunde: | „Er wurde wohl von einem Auto angefahren. | Aber es ist nicht schlimm. | Bald geht es ihm schon besser!“ | Er gießt etwas Wasser in ein Gefäß | und lässt den Hund trinken. | „Wir kümmern uns um ihn, | bis wir wissen, | wem er gehört!“, | beschließt Fabian | und der Großvater nickt.

103 Wörter

Die Vorsilben ab- und weg-

→ Mit **Vorsilben** kannst du den Sinn eines Wortes verändern. Die Vorsilbe **Ab-/ab-** schreibst du mit **b**, die Vorsilbe **Weg-/weg-** schreibst du mit **g**.

Ab-/ab-:	**ab**fallen	die **Ab**reise	**ab**genutzt
Weg-/weg:	**weg**fahren	die **Weg**nahme	**weg**gelegt

1 Auf Wiedersehen!

„Musst du wirklich schon abreisen?“, | seufzt Tine. | Traurig liest sie die Abfahrtszeiten | an der Bushaltestelle ab. | Oma lächelt. | „Ich komme doch bald wieder!“ | Da kommt schon der Bus. | Schnell wirft Oma noch etwas Abfall | aus ihrer Tasche weg. | Dann steigt sie ein, | schiebt ihr Gepäck auf die Ablage | und setzt sich an ein Fenster. | Tine winkt dem wegfahrenden Bus hinterher. | Abschiede mag sie überhaupt nicht. | Da fühlt sie etwas in der Tasche. | Oma hat ihr heimlich | ein Abschiedsgeschenk zugesteckt! | Typisch Oma!

81 Wörter

2 Wo ist Rumpel?

Lena und ihre Mutter | haben gerade den Tisch abgeräumt | und beginnen mit dem Abspülen, | als sie einen Schrei hören. | Die beiden legen die Handtücher weg | und rennen in den Garten. | „Rumpel ist abgehauen!“, | schreit Adrian. | „Ich habe nur | ein paar Sekunden weggeschaut!“ | Rumpel ist Adrians Schildkröte. | „Er kann nicht weit sein!“, | tröstet Lena ihren Bruder. | Sie suchen das Gebüsch ab. | Und richtig! | Unter einem abgebrochenen Ast | finden sie den Ausreißer. | „Mensch, Rumpel! | Warum bist du denn weggerannt?“ | Überglücklich legt Adrian die Schildkröte | in ihr Gehege | und riegelt die Tür ab. | Sicher ist sicher!

93 Wörter

Die Vorsilben er-, ver-, vor- und zer-

→ Mit **Vorsilben** kannst du den Sinn eines Wortes verändern. Die Vorsilben **Er-/er-**, **Ver-/ver-**, **Vor-/vor-** und **Zer-/zer-** können bei einem Verb (Tunwort), einem Nomen (Namenwort) oder einem Adjektiv (Wiewort) vorkommen.

Er-/er-:	**er**leben	die **Er**laubnis	**er**setzt
Ver-/ver-:	**ver**legen	der **Ver**such	**ver**hagelt
Vor-/vor-:	**vor**sagen	der **Vor**wurf	**vor**schnell
Zer-/zer-:	**zer**legen	das **Zer**würfnis	**zer**streut

1 Kurzdiktat

erheben | erfunden | erlangen | das Erlebnis | die Erkenntnis | erfahren | errötet | verlieren | versuchen | verbieten | der Versuch | das Verbot | verrückt | verregnet | vorsagen | vorlaut | der Vorschlag | die Vorsicht | das Vorbild | vorrücken | zerbrechen | zertreten | zerlegen | die Zerstörung | zertrümmert | zerrissen

34 Wörter

2 Die zerbrochene Uhr

Sonja und Peter verbringen die Ferien | bei den Großeltern. | An einem verregneten Nachmittag | macht der Großvater ihnen den Vorschlag, | den Dachboden zu erkunden. | Vergnügt erklimmen sie | die Treppe | zum Speicher. | Dort erspäht Peter eine verstaubte Kiste. | Darin liegen zerknitterte Fotos, | verrostete Schlüssel | und eine vergoldete Taschenuhr. | Vorsichtig versucht er | den Uhrendeckel zu öffnen. | Doch dabei fällt die Uhr zu Boden, | der Deckel springt auf | und das Uhrenglas zerbricht! | Erschrocken schaut er Sonja an. | Das verzeiht Opa ihm nie! | Zerknirscht beichtet Peter ihm den Vorfall. | Doch der Großvater ist gar nicht böse, | als er die zerbrochene Uhr sieht. | „Scherben bringen doch Glück!"

101 Wörter

Die Nachsilben -ig, -isch und -lich

→ Die Nachsilben **-ig**, **-isch** und **-lich** kennzeichnen Adjektive (Wiewörter). Wörter mit diesen Endungen schreibst du klein. Die Endungen klingen oft ähnlich. Wenn du dir unsicher bist, kannst du das Wort verlängern. Dann hörst du genau, welche Endung es hat.

witz**ig** – witz**iger** dramat**isch** – dramat**ischer** sport**lich** – sport**licher**

1

Was für ein Durcheinander!

Der Hund ist rutschig | und das Eis ist niedlich.

Das Essen ist stürmisch | und das Wetter ist köstlich.

Der Riese ist winzig | und die Ameise ist mürrisch.

Der Ritter ist fürchterlich | und das Monster ist mutig.

Die Tante ist schleimig | und der Frosch ist herzlich.

45 Wörter

2

Die Theateraufführung

Die Klasse 4a führt ein gruseliges Theaterstück auf. | Die Kinder haben fleißig geübt, | aber jetzt sind alle schrecklich aufgeregt. | Till sagt ängstlich seinen Text auf. | Er spielt einen geizigen König | und muss viele schwierige Sätze sprechen. | Jonas ist als fürchterliches Gespenst verkleidet | und sitzt zappelig auf einem Stuhl. | Mia ist die heimtückische Hexe. | Hektisch schaut sie in den Spiegel, | ob sie hässlich genug aussieht. | Auch die Lehrerin macht ein komisches Gesicht. | Anne schaut heimlich hinter den Vorhang. | Die Zuschauer warten schon ungeduldig. | Wann geht es endlich los?

87 Wörter

Die Endung -ieren

→ In der Grundform haben die meisten Verben (Tunwörter) die Endung **-en**. Manche Verben enden aber auch auf **-ieren**.

korrig**ieren** fris**ieren** konzentr**ieren**

1

Kurzdiktat: Wer tut was?

Wir sortieren die Socken. | Die Musiker musizieren. | Die Klassenlehrerin diktiert einen Text. | Lena und Leo probieren den Kuchen. | Die Verkehrspolizisten kontrollieren die Autofahrer. | Die Fußballmannschaft verliert das Heimspiel. | Du verzierst die Plätzchen. | Ich spaziere durch den Wald. | Ihr radiert die Zeichnung weg. | Die Forscher experimentieren im Labor.

47 Wörter

2

Ab in die Ferien

Frank fliegt | mit seinen Eltern in Urlaub. | Am Flughafen marschieren sie | durch die Abflughalle. | Große Tafeln informieren | über die Abflugzeiten. | „Passt auf, | dass wir uns nicht verlieren!“, | mahnt der Vater. | Am Schalter erhalten sie ihre Flugscheine. | Bevor sie zum Flugzeug dürfen, | kontrollieren Sicherheitsbeamte | ihre Jacken und das Handgepäck. | Franks Mutter organisiert noch eine Zeitung, | dann spazieren sie zur Wartehalle. | Von hier aus kann Frank | das ganze Rollfeld beobachten. | Lichter und Linien markieren | den Weg zur Startbahn. | Die großen Flugzeuge interessieren Frank besonders. | Gerade transportieren zwei Kofferwagen | das Gepäck zu ihrem Flieger. | Da wird schon ihr Flug aufgerufen. | Endlich geht es los!

101 Wörter

Zusammengesetzte Nomen und Adjektive

→ Oft lassen sich zwei Nomen (Namenwörter) zu einem Nomen zusammensetzen:

der **Garten** + das **Haus** = das **Gartenhaus**

Manchmal gibt es bei einem zusammengesetzten Nomen ein **Fugen-s**:

der Geburt**s**tag

Auch Adjektive (Wiewörter) können aus verschiedenen Wörtern zusammengesetzt sein.

Nomen + **Adjektiv**: der Wind + schief = windschief

Adjektiv + **Adjektiv**: bitter + kalt = bitterkalt

1 Kurzdiktat

ein bitterkalter Wintertag | eine blitzschnelle Sportskanone | ein zuckersüßes Weihnachtsplätzchen | ein wunderschöner Glücksbringer

12 Wörter

2 Das kälteste Gebiet der Welt

Die Antarktis | ist ein riesengroßes Gebiet. | In ihrer Mitte ist der Südpol. | Im eiskalten Inneren des Landes | kann es in den Wintermonaten | bis zu minus 80 Grad kalt werden. | Das ist etwa viermal so kalt | wie in einem Eisfach! | Die ganze Antarktis ist | von einer kilometerdicken Eiskappe bedeckt. | Das Gebiet gehört niemandem | und ist fast menschenleer. | Nur in einigen Forschungsstationen | arbeiten Menschen. | Dafür leben hier viele Pinguine, | Robben und Wale! | Obwohl es hier | wertvolle Bodenschätze | wie Öl und Gas gibt, | dürfen diese nicht abgebaut werden. | Das wurde in einem Antarktisvertrag beschlossen, | den 45 Länder unterschrieben haben.

96 Wörter

Zusammentreffen von mehreren Konsonanten

→ Bei zusammengesetzten Wörtern kommt es manchmal vor, dass drei gleiche Konsonanten (Mitlaute) aufeinandertreffen.

die Schi**fff**ahrt   die Balle**ttt**änzerin

1 Kurzdiktat

schnelllebig | die Schwimmmannschaft | das Wettturnen | die Schlossstraße | der Geschirrreiniger | das Pappplakat | der Flusssand

13 Wörter

2 Tobis Abenteuergeschichte

Tobi schreibt eine Abenteuergeschichte: | „Kapitän Jim unternahm | eine Schifffahrt. | Eines Tages kam sein Schiff | in einen Sturm. | Die Mannschaft brachte es bald | in ruhige Gewässer, | doch die Segel waren | nur noch traurige Stofffetzen. | Jim ging in seine Kajüte, | knabberte an einem Stück Nussschokolade | und überlegte. | Dann hatte er eine Idee: | Die Männer sollten | aus Betttüchern | ein neues Segel basteln! | Mit dem Betttuchsegel | kamen sie bis ans Festland. | Nachdem sie das Land erreicht hatten, | mussten sie noch durch eine dicke Schlammmasse | und einen Brennnesselwald marschieren.“ | Zufrieden schaut Tobi auf den Text. | Jetzt fehlt nur noch | ein schöner Schluss-satz!

! Achte darauf, dass du alle drei Konsonanten schreibst und keinen vergisst!

97 Wörter

Wörter trennen

→ Zusammengesetzte Wörter und Wörter mit einer Vorsilbe kannst du in ihre Wortbausteine zerlegen.

der Ab-fall der Roll-schuh pech-schwarz

Wörter, die aus mehreren Silben bestehen, kannst du nach Sprechsilben trennen. Dabei musst du jedoch beachten, dass beim Trennen kein Buchstabe alleine stehen darf.

der Ele-fant der Ka-ka-du das Schna-bel-tier

1 Kurzdiktat

die Rutsch-bahn | der Eis-bär | das Schwimm-bad | blitz-blank | der Ab-hang | der Eis-ver-kauf | die Vor-fahrt | der Sports-freund | der Ent-schluss

17 Wörter

2 Auf dem Jahrmarkt

Kla-ra, Ja-na, | Fe-lix und Ti-mo | schlen-dern über den Jahr-markt. | Zu-erst stei-gen die Kin-der | in ei-ne Gon-del des Rie-sen-rads. | Von oben ha-ben sie | ei-nen wun-der-ba-ren Blick | über die gan-ze Stadt! | Dann kau-fen sich Ja-na und Kla-ra | ei-ne Kar-te für das Spuk-schloss. | Schnell stei-gen sie in ei-nen Wa-gen | und tau-chen ein in die Dun-kel-heit. | Ti-mo und Fe-lix | fah-ren lie-ber mit der Ach-ter-bahn. | Sie hat so-gar zwei Schlei-fen, | in de-nen die bei-den kopf-über | in den Wa-gen hän-gen! | Spä-ter kau-fen sich die Kin-der | noch ei-ne Brat-wurst im Bröt-chen. | Das war ein groß-ar-ti-ger Aus-flug!

89 Wörter

Doppelte Konsonanten, pf, sp, st, tz trennen

→ Wörter mit doppelten Konsonanten (Mitlauten) kannst du nach Sprechsilben trennen. Du trennst das Wort dann zwischen den beiden Konsonanten.

der Ku**m-m**er   die Ra**t-t**e   die Su**p-p**e

Wörter mit **pf**, **sp**, **st** oder **tz** trennst du so:

der A**p-f**el   räu**s-p**ern   ra**s-t**en   die Ka**t-z**e

1 Kurzdiktat

der Schwim-mer | die Nüs-se | die Spin-ne | die Ket-te | die Qual-le | mes-sen | kit-zeln | die Tat-ze | die Wit-ze | schüt-zen | set-zen | der Sprit-zer | nut-zen | der Ap-fel | die Köp-fe | kämp-fen | stamp-fen | schlüp-fen | der Gip-fel | rup-fen | ras-ten | die Res-te | lus-tig | der Hus-ten | die Kis-te | nis-ten | das Pos-ter | knus-pern | ras-peln | die Knos-pe | lis-peln | die Wes-pe | räus-pern

50 Wörter

2 Die Mutprobe

Tom und Lars schauen auf die Baustel-le. | „Los, | wir klet-tern auf den Bag-ger!“, | flüs-tert Tom. | Sie hüp-fen über den Zaun | und ren-nen los. | Da stolpert Tom | über eine Lat-te | und stürzt. | Sein Knie blutet. | Schon kom-men | zwei Män-ner gelaufen. | „Was ist pas-siert?“, | ruft der eine | und schaut sich Toms Knie an. | „Zum Glück ist es nur ein Krat-zer. | Das hät-te | viel schlim-mer sein kön-nen! | Eine Baustel-le ist kein Ort zum Spielen!“, | schimp-fen sie | mit den schlot-ternden Jungen. | Kleinlaut verlas-sen die beiden die Baustel-le. | Das war eine dum-me Idee!

88 Wörter

ch, ck, sch und doppelte Vokale trennen

→ Wörter mit **ch**, **ck** oder **sch** trennst du nach Sprechsilben. Die Buchstaben **ch**, **ck** und **sch** müssen aber immer zusammenstehen. Auch doppelte Vokale (Selbstlaute) werden nicht getrennt.

die Wa-**che** spre-**ch**en der Ho-**ck**er die Rut-**sch**e

m**oo**-sig die B**oo**-te die M**ee**-re

1 Vor dem Unterricht

Anna ki-chert. | Suse und Paul tu-scheln. | Ole und Jan ki-cken eine Schach-tel durch den Raum. | Toni und Finn su-chen ihre Ta-schen unter den Ti-schen. | Luis zieht Nina an den gefloch-tenen Haa-ren. | Lina und Kim na-schen von den mitgebrach-ten Erdbee-ren. | Jule und Anne wi-schen die Tafel.

45 Wörter

2 Der Gesang der Heuschrecken

In China sind Heu-schre-cken | beliebte Haustiere! | Ihr fröhli-ches Zirpen | klingt für die Men-schen wie Musik | und erinnert sie im eiskalten Winter | an den Frühling. | Im Sommer werden die Tier-chen | in Bambuskäfigen gehalten. | Im Winter ste-cken sie | in einem hüb-schen Fla-schenkürbis. | Man-che Men-schen | tragen ihre Heu-schre-cke | in speziellen Innenta-schen ihrer Ja-cke | mit sich herum. | So können sie dem Zirpen | auch unterwegs lau-schen. | Eine Heu-schre-cke zu halten | ist übrigens ziemlich aufwändig: | Jedes der wähleri-schen Tier-chen | frisst unter-schiedli-ches Futter. | Sie benötigen | ein tägli-ches Bad | in warmem Wasser | und Auslauf brau-chen sie auch!

89 Wörter

1 Wüstenschiffe

> **!** In diesen Diktaten musst du verschiedene Trennungsregeln anwenden!

Zu den Ka-me-len | ge-hö-ren die Dro-me-da-re | mit ei-nem Hö-cker | und die Tram-pel-tie-re | mit zwei Hö-ckern. | Die Tie-re ha-ben sich | per-fekt an das Le-ben | in der tro-cke-nen Wüs-te an-ge-passt. | So kön-nen sie | ih-re Na-sen-lö-cher ver-schlie-ßen, | um sie vor dem Wüs-ten-sand | zu schüt-zen. | Ka-me-le kom-men sehr lan-ge | oh-ne Was-ser aus. | Al-ler-dings spei-chern sie | in den Hö-ckern | kei-ne Was-ser-vor-rä-te, | wie vie-le glau-ben, | son-dern Fett. | Da-raus kann ihr Kör-per aber | in ei-nem kom-pli-zier-ten Vor-gang | Was-ser ge-win-nen. | Lan-ge Zeit wa-ren Ka-me-le | die ein-zi-gen Trans-port-mit-tel, | mit de-nen die Men-schen | die Wüs-ten durch-que-ren konn-ten. | Des-halb be-ka-men sie | den Bei-na-men „Wüs-ten-schif-fe“.

93 Wörter

2 Im Weltraum

In sei-nem Traum ist Klaus | ein furcht-lo-ser As-tro-naut. | Er be-steigt in ei-nem glit-zern-den Raum-an-zug | sei-ne Ra-ke-te, | die ins All ge-schos-sen wird. | Schwe-re-los glei-tet er | durch den Welt-raum. | Von sei-nem Fens-ter aus | kann er vie-le Stern-schnup-pen | be-ob-ach-ten. | Auf ein-mal schwir-ren | zwei flie-gen-de Un-ter-tas-sen | um sei-ne Ra-ke-te. | Sie wer-den von grü-nen We-sen | mit di-cken Na-sen | und ko-mi-schen Au-gen ge-flo-gen! | Die frem-den Männ-chen | win-ken ihm freund-lich zu! | Doch be-vor Klaus | Kon-takt auf-neh-men kann, | wacht er auf. | Scha-de, | er hät-te ger-ne | mit ih-nen ge-spro-chen!

80 Wörter

Komma bei Aufzählungen

➔ Bei einer **Aufzählung** werden die einzelnen Wörter oder Wortgruppen mit einem **Komma** voneinander getrennt. Vor **und** und **oder** steht kein Komma.

Möchtest du Äpfel, Birnen, Trauben oder Bananen?

Ich habe süße Kätzchen, einen kleinen Hund, viele Vögel und Kühe gesehen.

1 Geburtstagsvorbereitungen

Julia hat ihre Freunde | zu einer Geburtstagsfeier eingeladen. | Nun schreibt sie zusammen | mit ihrer Mutter eine Einkaufsliste. | Julia zählt auf: | „Wir brauchen Luftschlangen, | Luftballons, | Süßigkeiten, | Saft, | Würstchen und Schokolade.“ | Die Mutter ergänzt: | „Außerdem fehlen noch Äpfel, | Brötchen, | Milch und Kakaopulver. | Und für den Geburtstagskuchen | müssen wir noch Butter, | Mehl, | Eier, | Zucker und Kerzen kaufen!“ | Die beiden überlegen noch einmal. | „Mögen deine Freunde lieber Apfelsaft, | Orangensaft oder Limonade?“, | will die Mutter noch wissen. | „Wir kaufen von allem etwas!“, | schlägt Julia vor.

80 Wörter

2 In der Küche des Zauberers

Der Zauberer braut einen Zaubertrank. | Zuerst wirft er | verschiedene Zutaten in den Kessel: | getrocknete Pilze, | seltene Kräuter, | Mäusedreck, | einen Drachenzahn | und eine ganz geheime Zutat. | Dann murmelt der Zauberer einen Zauberspruch. | Es brodelt, | kocht | und blubbert im Kessel. | Dann dampft, | raucht, | zischt | und qualmt es gewaltig. | Plötzlich herrscht Ruhe im Labor. | Der Zauberer probiert den Trank. | Es fehlen noch ein Blatt Minze, | drei Tropfen Krokodilstränen | und sechs schwarze Bohnen. | Langsam färbt sich der Trank rot. | Der Zauberer lacht. | Jetzt ist der Zaubertrank fertig!

83 Wörter

Komma vor aber und denn

→ Mit den Bindewörtern **aber** und **denn** kannst du zwei einzelne Sätze verbinden. Vor **aber** und **denn** steht dann ein **Komma**.

Nora mag Pizza**, aber** sie isst nicht gerne Salat.

Ich bin gerne auf dem Bauernhof**, denn** ich liebe Tiere.

1 Kurzdiktat

Mia ist älter als Thea, | aber Thea ist größer als Mia.

Ich gehe gerne in die Schule, | aber Ferien finde ich besser!

Roland freut sich, | denn gleich kommt ihn | sein bester Freund besuchen.

Wir können nicht draußen spielen, | denn es regnet.

Klaus spielt prima Klavier, | denn er übt fast jeden Tag.

Oma ist super, | denn sie geht immer | mit uns auf den Spielplatz.

63 Wörter

2 Der Streit

Ruth und Martin streiten sich, | wer den Müll zur Mülltonne bringen soll. | „Du musst gehen, | denn ich habe gestern abgetrocknet!“, | meckert Ruth. | „Du hast vielleicht gestern abgetrocknet, | aber ich habe vorgestern gesaugt!“, | entgegnet Martin. | Ruth antwortet: | „Du hast zwar gesaugt, | aber ich war einkaufen!“ | Martin motzt: | „Das zählt nicht, | denn das machst du gerne. | Also musst du den Müll wegbringen, | denn ich habe diese Woche | viel mehr geholfen!“ | Da mischt sich die Mutter ein. | „Ihr braucht nicht zu streiten, | denn ihr müsst beide gehen. | Ich habe nämlich | für jeden einen Müllbeutel!“ | Ruth und Martin sind sprachlos, | denn damit haben sie nicht gerechnet!

102 Wörter

Komma vor Bindewörtern

→ Bindewörter verbinden zwei einzelne Sätze. Bindewörter sind zum Beispiel **weil**, **deshalb**, **während**, **obwohl**, **wenn**, **bis**, **damit** oder **ob**. Vor ihnen steht immer ein Komma.

Katharina kann nicht kommen**, weil** ihre Oma Geburtstag hat.

Justus liest ein Buch**, während** Marlene einen Brief schreibt.

1 Kurzdiktat

Sören ist sauer, | weil sein Fahrrad kaputt ist.

Karla beeilt sich mit den Hausaufgaben, | damit sie schnell raus kann.

Tim liest heimlich unter der Bettdecke, | während alle anderen schlafen.

Olga bleibt so lange im Wasser, | bis ihre Haut schrumplig wird.

Anna fragt ihre Eltern, | ob sie heute bei Eva übernachten darf.

Morgen ist Sonntag, | deshalb darf Peter heute länger aufbleiben.

Malte zieht einen Schal an, | obwohl die Sonne scheint.

69 Wörter

2 Die Klassenfahrt

Die Kinder der Klasse 4d sind aufgeregt, | denn heute fahren sie auf Klassenfahrt! | Sie winken ihren Eltern, | bis der Bus um die Ecke biegt. | Dann beginnt der Trubel: | Marie quietscht auf, | weil Bruno sie an den Haaren zieht. | Marcel bettelt so lange, | bis Tom ihn am Fenster | sitzen lässt. | Moni ruft Anna etwas zu, | während Tim | auf dem Sitz hüpft. | Mark rennt durch den Gang, | obwohl der Lehrer ihn | schon zweimal ermahnt hat. | Plötzlich ruft der Lehrer: | „Wir drehen um, | wenn es nicht leiser wird!“ | Sofort herrscht Ruhe, | denn umkehren will keiner!

92 Wörter

Wörtliche Rede

→ In der **wörtlichen Rede** wird wiedergegeben, was jemand sagt oder denkt. An ihrem Anfang und ihrem Ende stehen Anführungszeichen und Schlusszeichen. Steht vor der wörtlichen Rede ein Begleitsatz, endet er mit einem Doppelpunkt.

Peter sagt**: „**Ich esse am liebsten Pizza.**“**

Lisa denkt**: „**Ich hätte jetzt gerne Ferien.**“**

1 Im Sportunterricht

Ben warnt: | „Achtung, Ball kommt!“ | Anton stellt fest: | „Laufen ist echt anstrengend.“ | Mia fragt: | „In welcher Mannschaft bin ich?“ | Sebastian erkundigt sich: | „Wer steht im Tor?“ | Caro beschwert sich: | „Gib mir mein Haargummi zurück!“ | Paul fragt: | „Wer beginnt?“ | Nora drängelt: | „Jetzt macht schon!“ | Tina will wissen: | „Haben wir schon angefangen?“ | Kevin jubelt: „Tor!“

53 Wörter

2 Wer gewinnt?

Die Kinder sitzen | auf der Tribüne der Sporthalle | und feuern ihre Mannschaft | bei einem Basketballspiel an. | Tine ruft: | „Vorwärts!“ | Jonas brüllt: | „Mach den Korb!“ | Kilian murmelt aufgeregt: | „Ich kann gar nicht hinschauen.“ | Das Spiel läuft noch zwei Minuten. | Beide Mannschaften haben gleich viele Punkte. | Emma fragt Luna: | „Meinst du, | die schaffen das noch?“ | Luna ist sich sicher: | „Gleich werfen sie bestimmt noch einen Korb.“ | Und richtig! | Der Ball fliegt durch die Luft. | Die Kinder jubeln: | „Das wird ein Treffer!“ | Der Ball trifft den Korb | und der Schiedsrichter pfeift ab. | Alle schreien: | „Wir haben gewonnen!“

94 Wörter

Wörtliche Rede

→ Der Begleitsatz kann auch hinter der wörtlichen Rede stehen. Dann setzt du hinter das Schlusszeichen ein Komma. Endet die wörtliche Rede mit einem Punkt, musst du diesen weglassen. Fragezeichen und Ausrufezeichen werden aber gesetzt.

„Ich mag Pizza nicht**“,** sagt Anna.

„Hast du Durst**?“,** fragt Suse.

„Komm schnell**!“,** schreit Toni.

1 Auf dem Schulhof

„Tauschst du mit mir das Pausenbrot?“, | fragt Ben. | „Komm her!“, | ruft Kaja. | „Ich habe das ganze Wochenende geübt“, | berichtet Tine. | „Ist das der neue Lehrer?“, | erkundigt sich Lutz. | „Aus dem Weg!“, | brüllt Karl. | „Wir fahren morgen ins Schwimmbad“, | sagt Lukas. | „Darf ich bei dir abschreiben?“, | bettelt Marion. | „Wir haben zu viele Hausaufgaben auf“, | beklagt sich Lina.

56 Wörter

2 Opas Brille

Opa hat seine Lesebrille verlegt. | Jetzt helfen ihm alle beim Suchen. | „Hast du sie im Badezimmer vergessen?“, | will die Mutter wissen. | Opa schüttelt den Kopf. | „Oder hast du sie | mit der Zeitung ins Altpapier geworfen?“, | erkundigt sich der Vater. | „Ich kann in deiner Werkstatt suchen“, | bietet Leo an. | „Hoffentlich tritt beim Suchen | niemand auf die Brille“, | meint Oma besorgt. | „Da ist sie doch!“, | jubelt Tine | und greift hinter das Aquarium. | „Du hast sie bestimmt da hingelegt, | als du die Fische gefüttert hast“, | vermutet Leo. | „Stimmt ja!“, | ruft Opa erleichtert.

89 Wörter

Wörtliche Rede

→ Der Begleitsatz kann bei der wörtlichen Rede auch zwischen dem Gesagten stehen. Dann trennst du den Begleitsatz mit Kommas ab.

„Ich gehe zuerst zum Bäcker“, sagt die Mutter, „und dann zur Apotheke.“

1 Kurzdiktat

„Ich habe keinen Fehler gemacht“, | berichtet Anke, | „und eine Eins bekommen.“
„Gehst du an die Tafel“, | fragt der Lehrer, | „und schreibst die Aufgabe auf?“
„Pass gut auf“, | ermahnt die Mutter, | „und mach keinen Unsinn!“
„Ich möchte ein Stück Torte“, | bittet Frau Klein, | „und eine heiße Schokolade.“

46 Wörter

2 Der letzte Schultag

Am letzten Tag vor den Ferien | fragt die Lehrerin die Schüler: | „Was werdet ihr denn in den Ferien machen?“ | Die Finger der Kinder schießen hoch. | „Wir werden mit dem Flugzeug nach Spanien fliegen“, | berichtet Micha. | Lotte erzählt: | „Wir besuchen unsere Verwandten in Österreich.“ | „Wir fahren erst nach Rügen“, | erklärt Rudi, | „und dann besuchen wir Dresden.“ | „Bleibt denn auch jemand hier?“, | will die Lehrerin wissen. | Thomas, Sara, Otto und Lea melden sich. | Sara sagt: | „Wir wollen jeden Tag zusammen ins Schwimmbad gehen.“ | „Und wir werden ganz viele Ausflüge unternehmen“, | ergänzt Otto. | Dann klingelt es. | „Endlich Ferien!“, | jubeln die Kinder.

! Mit diesem Diktat kannst du die Satzzeichen beim vorangestellten, beim nachgestellten und beim eingeschobenen Begleitsatz üben.

98 Wörter